Erik Blumenthal

Wege zur inneren Freiheit –
Praxis und Theorie der Selbsterziehung

Erik Blumenthal

Wege zur inneren Freiheit — Praxis und Theorie der Selbsterziehung

Rex-Verlag München/Luzern

Dieses Buch erscheint in der Reihe
FAMILIENSEMINAR

3. Auflage 1975
© by Rex-Verlag München/Luzern
ISBN 3 7926 0035 8
Druck: G. J. Manz AG, Dillingen/Donau

Inhaltsverzeichnis

Vorwort

Die in diesem Buch geschilderten, praktisch gangbaren und unschwer zu erlernenden Methoden zur Arbeit an sich selbst, zur Selbsterziehung beruhen zum großen Teil auf den Erkenntnissen der Individualpsychologie Alfred Adlers.

Zwei Mitarbeiter Alfred Adlers waren es, denen der Verfasser sich zutiefst verpflichtet fühlt: Dr. Alexander Müller und Professor Dr. Rudolf Dreikurs, die ihm die Lehren der Individualpsychologie nahegebracht haben. Der letztere hat wie kein anderer zur Verbreitung und auch zur Weiterentwicklung der Individualpsychologie beigetragen. Sein Vorbild, seine Gedanken und auch seine Freundschaft haben den Verfasser befähigt, die Individualpsychologie sowohl in seinem persönlichen als auch beruflichen Leben zu verwirklichen.

Das Buch ist auf die Praxis ausgerichtet und soll dem Leser die Möglichkeit geben, rasch Positives zu erreichen. Die damit verbundene Ermutigung hilft bei der Anwendung dieser neuen Technik des Zusammenlebens in der Familie, in Arbeit und Beruf, Freundschaft, in der Gemeinde und größeren Gemeinschaften.

Das Ziel der Selbsterziehung ist die Freiheit von unseren eigenen negativen Gefühlen, Emotionen und Stimmungen, von dem Konkurrenzstreben und Pessimismus unserer Zeit, von Materialismus und Aberglauben. Wir erreichen damit die Freiheit zu Geduld, Toleranz, Zufriedenheit und Glück. Wir finden den Frieden mit uns selbst und den anderen.

Die hinter dieser Selbsterziehung stehende Theorie wissenschaftlich – und das heißt heute mit naturwissenschaftlichen Methoden – hieb- und stichfest zu machen, wurde nicht als Aufgabe betrachtet. Wer sich daran stößt und deshalb glaubt, den einen oder anderen Gesichtspunkt nicht akzeptieren zu können, sollte die vorliegenden Empfehlungen als Arbeitshypothese ansehen. Auch so wird es ihm möglich sein, erfolgreich sich selbst zu erziehen.

I Kurze Einführung in die Individual-
psychologie

Die Individualpsychologie Alfred Adlers unterscheidet sich von anderen psychologischen Schulen durch
einige wesentliche Punkte:
Sie betrachtet den Menschen als eine Ganzheit, als
eine Einheit, gleichgültig, in wie viele Teile wir
sonst den Menschen gliedern. Diese Einteilung des
Menschen, z. B. die psychoanalytische in ein «Ich»,
ein «Es», ein «Über-Ich», oder andere Aufteilungen
in Bewußtsein und Unbewußtes oder, entsprechend
den Funktionen des Menschen, in Gedanken, Gefühle, Willen und Handlungen, ist als Arbeits-
grundlage nötig. Durch solche Gliederungen kann
man den Menschen besser erkennen, sollte sie aber
nie dazu mißbrauchen, die sich ergebenden Teile
als selbständige Kräfte anzusehen, über die der
Mensch nicht verfügen kann. Es ist ein typisches
Vorurteil unserer Zeit anzunehmen, daß der Mensch
durch solche Kräfte bestimmt wird.
Die Individualpsychologie betrachtet den Menschen
als eine zielgerichtete Einheit und sieht alles, was
der Mensch tut, vom Ziel her. Mit anderen Worten,
die finale Betrachtungsweise wird im Seelischen für

11

wichtiger erachtet als die naturwissenschaftliche, kausale.

Die Individualpsychologie schaut also nicht in erster Linie nach den Ursachen und Gründen, sondern nach den Zielen und ist deshalb auch schon Teleo-Analyse genannt worden.

Die Meinung, die sich der einzelne bildet, spielt eine hervorragende Rolle in seinem Verhalten; sie ist wichtiger als die Tatsache, um die es geht. Der Mensch handelt weniger auf Grund von Tatsachen, sondern auf Grund seiner Meinung.

In der Bildung dieser Meinung sind wir relativ frei. Diese sogenannte freie schöpferische Kraft gibt dem Menschen Verantwortung für alles, was er tut, und nimmt ihm die vielen möglichen Entschuldigungen, die andere Psychologien oft bieten.

Die Individualpsychologie sieht im Menschen ein soziales Wesen. Dies ist ein uralter Begriff, denn schon Aristoteles spricht vom Zoon politikon, das ganz nur im sozialen Feld, d. h. meistens in seiner natürlichen Umgebung, zu verstehen ist. Alfred Adler spricht von der «eisernen Logik» des menschlichen Zusammenlebens.

Die Individualpsychologie ist eine Gebrauchspsychologie, im Gegensatz zu den sogenannten «Besitzpsychologien», die den Menschen als ein Wesen beschreiben, das gewisse Eigenschaften besitzt. Nach Ansicht der Individualpsychologie kommt es aber nicht so sehr auf diesen Besitz an, sondern darauf, was der einzelne aus dem, was er hat, macht, also, wie er es gebraucht.

Die Individualpsychologie ist eine optimistische Psychologie, d. h., daß der Optimismus als berechtigte Lebensanschauung, der Pessimismus dagegen als unberechtigt angesehen wird.

Die soziale Gleichwertigkeit aller Menschen ist eine der Hauptforderungen der Individualpsychologie. Dabei spielt keiner der üblichen Unterschiede eine Rolle, handelt es sich um Rasse, Geschlecht, Alter, Bildung, Stand, Können und dergleichen. Jeden, auch das kleine Kind zum Beispiel, sollte man als gleichwertigen Partner in einer gemeinsamen Aufgabe betrachten.

Die Individualpsychologie ist die Grundlage und die Praxis einer neuen Pädagogik und will die Menschenkenntnis lehrbar machen, aber nicht durch einen intellektuellen Vorgang, sondern durch einen Umwandlungsprozeß, der in die Tiefe der Persönlichkeit reicht. Sie will die Krise des Individualismus überwinden und auf höherer Ebene die Synthese zwischen der Persönlichkeit und der Gemeinschaft suchen. Das Ziel der individualpsychologischen Lebensanschauung ist verstärkter Wirklichkeitssinn, Verantwortlichkeit und Ersatz der verborgenen Gehässigkeit unter den Menschen durch gegenseitiges Wohlwollen, was aber ganz nur durch die bewußte Entfaltung des Gemeinschaftsgefühls und das Ablegen unserer Vorurteile zu erreichen ist.

II Erkenntnis allgemeiner Prinzipien

1 *«Einheit in der Mannigfaltigkeit»*

Man sollte Menschen nur miteinander vergleichen, um sachliche Kenntnisse zu gewinnen. Doch welchen Maßstab man dabei auch anwendet und welche Unterschiede unter den Menschen man dadurch erkennt, letzten Endes besteht doch eine Einheit unter den Menschen, d. h., im wesentlichen ihres Menschseins sind sie alle die «Blätter eines Baumes». Das persönliche Vergleichen des einzelnen mit anderen aber führt nicht zur Selbsterziehung, sondern bringt, wie wir noch sehen werden, große Nachteile mit sich.

Die Einheit in der Mannigfaltigkeit bringt uns zum Begriff der sozialen Gleichwertigkeit aller Menschen. Natürlich haben ein Universitätsprofessor und ein Schuhputzer, um irgendwelche Extreme zu nennen, den anderen Verschiedenes zu bieten. Dies hat mit der sozialen Gleichwertigkeit aber nichts zu tun. Als Menschen sind sie einander ebenbürtig, gleichgültig, wie viele «Pfunde» der eine hat. Es kommt immer darauf an, wie man mit seinen «Pfunden wuchert». Die soziale Gleichwertigkeit ist ein Ziel, das verwirklicht werden muß, wenn wir am Frieden jeglicher Art in der Welt interessiert sind.

Wir befinden uns heute in einer Übergangszeit aus einer autokratischen Vergangenheit in eine demokratische Zukunft. In der Vergangenheit war immer einer da, dessen Wort als letztes gegolten hat. Früher war es der König, der Fürst, der Patriarch, eben der Vater in seiner Familie. Und auch heute noch versuchen Väter, diese Rolle zu spielen, was aber immer weniger möglich ist und immer mehr zu einem Mißerfolg führen muß. Demokratie ist nur möglich, wenn soziale Gleichwertigkeit und gegenseitige Achtung bestehen. Früher war eine Autoritätsperson notwendig, während sie heute fehl am Platze ist. Wir sind keine Befürworter der «antiautoritären Erziehung», zumal dieses moderne Schlagwort viel zu ungenau ist. Wir sind gegen die Autorität einer Einzelperson, z. B. eines Erziehers, aber wir sind für die Autorität der Gruppe, der Familie, der Gemeinschaft, in der wir leben, der Gesellschaft oder der Nation, also auch für die Autorität der Gesetze dieser Gemeinschaft.

Wir sind für die Autorität des Lebens, der Wirklichkeit, und dürfen auch die höchste Autorität, nämlich die Autorität des geistigen Prinzips, das man im allgemeinen Gott nennt, nicht vergessen.

In der Autokratie wird eine Macht ausgeübt, während es in der Demokratie auf Einflüsse ankommt. Heute geben wir Anregungen, während früher jemand unter Druck gesetzt wurde. Bestrafung wird heute durch die natürlichen oder logischen Folgen ersetzt, Kritik durch Ermutigung und Befehle durch Vorschläge. Wo früher die Fehler angeprangert wurden, wird heute die Leistung anerkannt. Dabei ist es nicht so wichtig, ob nun all diese Erkenntnisse neu sind, wesentlich ist nur, daß sie in der Praxis durchgeführt werden.

Diesen Grundsätzen wird oft entgegengehalten, daß dann die Gefahr einer gewissen Selbstüberschätzung bestünde. Dem ist zu entgegnen, daß der Mensch selbstverständlich alles mißbrauchen kann, daß er aber bei Anwendung der später zu besprechenden Methoden in der Lage sein wird, sich sachlicher den Aufgaben seines Lebens zu widmen, ohne immer auf den Erfolg zu schielen und feststellen zu wollen, wer nun der bessere ist. Zu dieser Feststellung gelangt man dadurch, daß man sich mit einem anderen vergleicht. Man kann auch sagen, daß man sich auf der Vertikalen bewegt.

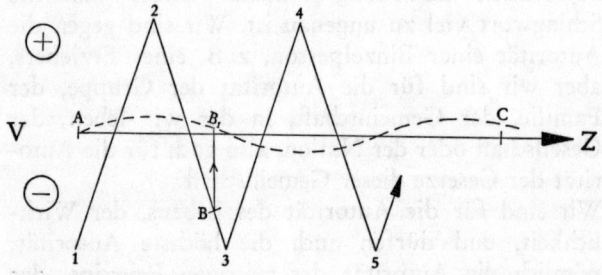

Was damit gemeint ist, wird aus der obigen Skizze verständlich. Die Linie von V (Vergangenheit) bis Z (Zukunft, Ziel) stellt die Lebenslinie, die Bewegungsrichtung des «normalen» Menschen dar, wobei dieser sogenannte normale Mensch nur eine Konstruktion ist, die es hundertprozentig in der Wirklichkeit nicht geben kann. Der normale Mensch der

Wirklichkeit bewegt sich nicht wie eine Maschine stur in der Geraden, sondern wie bei der Erfüllung seiner Lebensaufgaben sich wahrscheinlich mehr so bewegen, wie es die gestrichelte Schlangenlinie zeigen soll. Der Raum über der Linie VZ, mit + bezeichnet, stellt die Überlegenheit, der Raum darunter, mit — bezeichnet, die Unterlegenheit dar. Wenn wir nun annehmen, daß bei Punkt 1 im Minus ein Mensch ist, der nicht genügend an sich glaubt, der also ein Gefühl des Ungenügens, der Minderwertigkeit hat, dann wird er selbstverständlich nicht dauernd unten im Minus, nämlich als Unterlegener, weitermachen wollen, sondern er wird sich bemühen, sich das Gefühl der Überlegenheit zu verschaffen. Wie er sich nun das Gefühl der Überlegenheit verschafft, wird auf der folgenden Skizze dargestellt. Für die jetzige Überlegung genügt es, sich vorzustellen, daß er einen Ausgleich sucht, nämlich nach oben kommen will. Jedoch zeigt es sich in der Wirklichkeit, daß es ihm nicht genügt, nur zu kompensieren, nämlich auf die «normale» Linie zu kommen, sondern aus dem Kompensieren wird immer ein Überkompensieren, d. h., genau so tief wie er sich im Minus gefühlt hat, so hoch will er ins Plus kommen. Er wird also den Punkt 2 erreichen wollen.

Hat er sich damit nun das Gefühl der Überlegenheit verschafft oder erschlichen, dann würde er am liebsten oben im Plus, also parallel zur Linie VZ weitermachen. Dies gelingt ihm aber deshalb nicht, weil er gewohnt ist, sich mit anderen zu vergleichen, und so wird er sehr rasch wieder einen Anlaß finden, sich als nicht genügend zu betrachten. Er wird abermals ins Minus, nämlich zu Punkt 3, zurückfallen. Dann geht das gleiche Spiel von vorne los. Er wird erneut überkompensieren, zu Punkt 4 gelangen, dann zu Punkt 5 usw., mit anderen Worten, er bewegt sich auf der vertikalen Linie. Die Ausschläge dieser Linie nach oben und unten hängen vom Grad seines Selbstwertgefühls ab. Ist also sein Gefühl des eigenen Ungenügens nicht übertrieben stark, dann werden die Ausschläge entsprechend kleiner sein.

Was sind nun die Folgen dieser Verhaltensweise? Gehen wir wieder vom sogenannten «normalen» Menschen aus. Er startet bei Punkt A und erreicht nach einer gewissen Zeit in seiner Entwicklung den Punkt C. Damit ist gemeint, daß er durch seine Bewegung auf der horizontalen Linie der Entwicklung im Leben entsprechende Fortschritte macht, dargestellt durch die Linie AC. Wenn wir jetzt den Menschen mit ausgeprägtem Minderwertigkeitsgefühl betrachten und ihn zur selben Zeit, nämlich bei Punkt 1 anfangen lassen, so brauchen wir die Länge der Strecke AC nur auf der Vertikalen von Punkt 1 über Punkt 2 nach Punkt 3 abmessen und kommen damit zu Punkt B. Von Punkt B projizieren wir auf die Linie VZ den Punkt B1. Dann kann man sehen, daß der Mensch mit dem Minderwertigkeitsgefühl in derselben Zeit, wo der «normale» von A bis C gelangt, nur von A bis B1 gelangt ist, d. h., im Vergleich zum «normalen» hat er sich nur sehr wenig weiterentwickelt.

Die Bewegung auf der Vertikalen hindert also den Fortschritt, die Entwicklung. Wer sich nicht auf der horizontalen Linie der sachlichen Lösung der Lebensaufgaben bewegt, sondern auf der ich-haften, unsachlichen Vertikalen, funktioniert wie ein schlecht konstruierter Motor, der, statt Kraft und Bewegung abzugeben, die meiste Energie durch innere Reibung in Hitze umwandelt. Mit anderen Worten, man verpulvert seine Energie für unsachliche Probleme. Zur Lösung der sachlichen Probleme des Lebens stehen nicht genügend Kräfte, nicht genügend Energie zur Verfügung, weil man sich ein zweites Problem geschaffen hat, indem man sich immer wieder beweisen will, wie gut oder wie schlecht man ist. Solange wir untersuchen, was für eine Wirkung wir auf andere erzielen, solange es wichtig erscheint, zu erkennen und zu beweisen, wie gut oder wie schlecht wir sind, solange können wir nie das leisten, wozu wir eigentlich fähig wären, weil wir den größeren Teil unserer Energie auf unsachliche Weise verschwenden.

Hierzu ein kleines Beispiel: Ein angehender Universitätsprofessor hatte gerade eine Vorlesung beendet, die seine Studenten und Hörer begeisterte. Anschließend kam ein alter Studienfreund zu ihm, drückte ihm für seine Leistung seine Anerkennung aus und fragte: «Wie hast Du nur gelernt, so hinreißend zu sprechen? Früher waren Deine Vorträge – entschuldige, wenn ich das sage – kaum über dem üblichen Durchschnitt und sicherlich nicht begeisternd.» Der Betreffende antwortete: «Ja, das war so: Früher kam nach jedem Vortrag der Teufel zu mir. Einmal klopfte er mir auf die Schulter und lobte mich, ein andermal sagte er, daß das, was ich ich heute geboten hätte, nicht viel wert gewesen sei. Eines Tages aber bekam ich genug davon und jagte den Teufel zum Teufel. Offensichtlich sind meine Vorlesungen seither wesentlich besser geworden.»

Mit anderen Worten, seit er sich nicht mehr ichhaft für das Problem interessierte, wie gut oder wie schlecht er war, sondern sich voll und ganz auf das sachliche Ziel, seinen Hörern etwas Gutes zu bieten, konzentriert hat, ist er als Vortragender viel besser geworden.

Wenn man die soziale Gleichwertigkeit aller Menschen für richtig hält, so ist der persönliche Vergleich mit anderen unnötig. Die Weigerung, den veralteten autokratischen Maßstab «überlegen – unterlegen» anzuwenden, versetzt uns in die Lage, das Konkurrenzstreben unserer Zeit nicht mehr mitmachen zu müssen. Es dürfte wohl klargeworden sein, daß dieses Sich-persönlich-mit-jemand-anderem-Vergleichen nicht richtig sein kann.

Es steht nun noch die Erklärung aus, wie man sich das Gefühl der Überlegenheit über einen anderen «erschleicht». Hierzu diene die nachstehende Skizze:

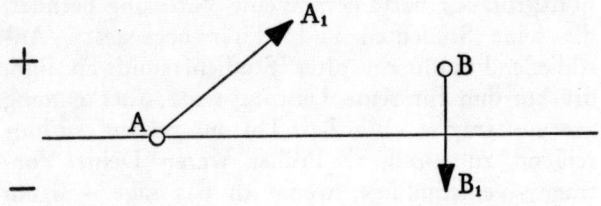

A vergleicht sich mit B und glaubt, daß er B unterlegen ist. Er sieht also B über sich. Er kann sich nun bemühen, B zu erreichen bzw. zu übertrumpfen. Er würde damit auf den Punkt A1 gelangen, von dem aus er B unter sich sehen kann. Daß A sich über B fühlen will, ist als negativ zu bewerten, während die Bemühung um Leistung positiv ist. Ist A noch stärker entmutigt, so glaubt er nicht einmal mehr daran, durch eigenes Bemühen etwas erreichen zu können, sondern benutzt den Kunstgriff, B auf irgendeine Art herabzusetzen, zu kritisieren, seine Verdienste zu schmälern. Damit setzt er B auf den Punkt B1 herab. Er selbst hat aber überhaupt nichts geleistet, sondern steht auf seinem alten Standpunkt, nämlich dem Punkt A, der durch diesen Kunstgriff höher als B1 liegt. Er hat sich, mit anderen Worten, auf billigste Weise das Gefühl der Überlegenheit erschlichen.

Kein Mensch würde auf die Idee kommen, einen Apfel und ein Piano miteinander zu vergleichen. Und doch wäre dieser Vergleich noch weniger sinnlos als der Vergleich eines Individuums mit einem anderen, weil sich nämlich sowohl der Apfel als auch das Piano auf der materiellen Stufe befinden. Wir können auf der materiellen Stufe unsere Körperkräfte zum Beispiel im Sport miteinander messen, aber den persönlichen, menschlichen Wert mit dem Wert eines anderen zu vergleichen, ist sinnlos. Denn der Unterschied zwischen den seelisch-geistigen Kräften der Individuen ist so groß, daß wir wissen, daß jedes Individuum etwas absolut Einmaliges ist, das es noch nie in der Vergangenheit gegeben hat und nie wieder in der Zukunft geben wird. Die Unsinnigkeit dieses Vergleiches wird noch dadurch hervorgehoben, daß der soziale Wert jedes Menschen allein durch sein Da-sein gegeben ist und sich vom sozialen Wert anderer Menschen grundsätzlich nicht unterscheidet.

2 Das Stufendenken

Es gibt viele verschiedene Stufen, etwa die Stufen des Daseins, von denen wir jetzt drei betrachten wollen, nämlich die tierische, die menschliche und die geistige Stufe. Allein mit Hilfe dieser drei Stufen können wir Vieles schon besser verstehen. Jede Stufe hat ihre eigenen Gesetze, wenn sie auch von den Gesetzen der darunterliegenden Stufe abhängig ist, aber niemals bestimmt wird. Zum Beispiel ist auf der Tierstufe eine typische Funktion das Fühlen. Der Mensch hat mit seinem Körper einen natürlichen Anteil an der Tierstufe, doch ist die typische Funktion der menschlichen Stufe das Denken, während auf der geistigen Stufe eine typische Funktion das Glauben ist. Glauben wird dabei ganz umfassend verstanden, nicht nur im Sinne des religiösen Glaubens. Glauben als menschliche Funktion ist eine geistige Kraft, deren Bedeutung von der Wissenschaft im Augenblick noch nicht genügend erkannt ist, obwohl wir schon wissen, welche Kraft in dieser Funktion enthalten sein kann.

Ein anderes Beispiel: Der Begriff der Freiheit. Auf der Stufe des Tieres gibt es keine Freiheit, weil das Tier von seinen Instinkten und Trieben bestimmt wird. Auf der menschlichen Stufe wird die äußere Freiheit wichtig, die aber beim Zusammenleben der Menschen eingeschränkt werden muß, weil der Mensch nur soweit äußerlich frei sein kann, als er damit nicht gegen die Freiheit eines Mitmenschen verstößt. Auf der geistigen Stufe aber, zu der der Mensch sich emporentwickeln kann, ist die innere Freiheit das Wesentliche, und diese innere Freiheit ist unbegrenzt. Am Beispiel des Verkehrs erläutert: Der Verkehrsteilnehmer, der sich auf seinen Instinkt verlassen wollte, wäre sehr rasch ein Opfer des Verkehrs. Der Verkehr erfordert eine Regelung, und das ist gleichbedeutend mit der Beschneidung der äußeren Freiheit. Es kann also keiner in einer Einbahnstraße sich plötzlich entscheiden, gegen den Verkehr zu fahren. Von seiner inneren Freiheit macht der Mensch Gebrauch, wenn er die Verkehrsregelung nicht mehr als «Muß» empfindet, sondern wenn er sich in innerer Freiheit dazu entscheidet, das zu wollen, was er soll, nämlich die Verkehrsregeln, die allen dienen, zu beachten.

Ein weiteres Beispiel ist das Sexuelle. Abgesehen von der Fortpflanzung der Art, geht es beim Tier um die Befriedigung eines Triebes. Auf der menschlichen Stufe dagegen kann man vom Interesse aneinander, also von der gegenseitigen Freude, sprechen, während es sich auf der geistigen Stufe um die vollkommene Vereinigung, das völlige Ineinander-Aufgehen, die echte Liebe, handelt.

Noch ein Beispiel: Auf der körperlichen Stufe ist die Kausalgesetzlichkeit wichtig. Man sucht mit den naturwissenschaftlichen Methoden des Zählens, Messens, Wägens nach den Ursachen und Gründen irgendeiner Sache. Auf der menschlichen Stufe dagegen geht es um das Zielgerichtetsein, man sucht weniger nach Ursachen und Gründen, als vielmehr nach dem Ziel und dem Zweck der betreffenden Angelegenheit. Auf der geistigen Stufe ist es die Frage nach dem Sinn, die die wesentliche ist.

Ferner: Beim Tier sind die fünf äußeren Sinne, die der Mensch mit dem Tier gemeinsam hat, von größter Bedeutung. Auf der menschlichen Stufe sind es die fünf inneren Sinne (Vorstellungsvermögen, Denkvermögen, Begriffsvermögen, Gedächtnis, Gemeinsinn); während auf der geistigen Stufe die Intuition als Wahrnehmungsinstrument angesehen werden kann. Übrigens besteht auch bei Verwendung des gleichen Wortes auf jeder Stufe ein Unterschied. Auch das Tier hat ein Gedächtnis, aber es kann nicht willkürlich darüber verfügen, sondern ist auf gewisse Reize angewiesen. Das menschliche Gedächtnis kann sich aber von dem Angewiesensein auf äußere Reize frei machen.

Ein letztes Beispiel: Das Tier wird von der Angst

beherrscht. Der Mensch kann sich weitgehend davon frei machen, wie wir später noch sehen werden. Auf der Stufe von Mensch zu Gott dagegen kommt es auf die Gottesfurcht an, und diese Gottesfurcht hat mit Angst überhaupt nichts zu tun. Gottesfurcht heißt nämlich, daß man Gott anerkennt, daß man ihn liebt, daß man ihm gehorcht, aber nicht, daß man Angst vor Gott hat. Also genau wie die früher schon erwähnte Autorität auf den verschiedenen Stufen eine andere Bedeutung hat, so ist es auch mit der Angst, der Freiheit oder dem Gehorsam, die auf jeder Stufe anders sind.

Es könnten noch viele Beispiele aufgeführt werden, so auf der Tierstufe die Instinkte, auf der menschlichen Stufe die Intelligenz, auf der geistigen Stufe die Erkenntnis, die das rein Intellektuelle übersteigt.

Eine andere Stufe ist die Stufe vom Einzelmenschen zur Gruppe, wo auch wieder für jede Stufe andere Gesetze gelten. Der einzelne Mensch z. B. kann nicht bestimmt, also determiniert werden. Die Gruppe muß determiniert werden. In Deutschland gab es noch vor einigen Jahren einen Frauenüberschuß von 2–3 Millionen. Eine Gruppe von 2–3 Millionen Frauen konnte also nicht damit rechnen, zur Ehe zu gelangen. In dieser Gruppe (von 2–3 Millionen Frauen) gab es aber nicht eine einzige Frau, die dazu verdammt gewesen wäre, nicht heiraten zu können. Wenn sie wirklich will, kann jede Frau ihren Mann finden, selbst wenn sie nach Kanada oder Australien auswandern müßte! Dasselbe gilt in Zeiten der Arbeitslosigkeit. Auch hier kann eine Gruppe von vielen Menschen keine Arbeit finden, aber innerhalb dieser Gruppe gibt es niemanden, der zur Arbeitslosigkeit verdammt wäre. Denn der einzelne kann immer, selbst in den schlimmsten Zeiten, eine Arbeit schaffen.

Man sollte sich nicht damit zufriedengeben, mit irgendwelchen Schlagworten zu operieren, sondern man kann sich klarwerden, wenn wir beispielsweise von der Autorität sprechen, daß die antiautoritäre Haltung in der Erziehung auf der Stufe des einzelnen zum einzelnen berechtigt ist, nicht aber in der Gruppe, da der Mensch ohne die anderen Autoritäten, wie dies schon früher ausgeführt wurde, nicht mit sich und anderen zusammenleben kann.

Die Beispiele sollen der Anregung dienen und sind deshalb unvollständig und wahllos herausgegriffen. Es ist hier nicht der Platz, auf die so wesentliche Erkenntnismöglichkeit des Stufendenkens ausführlich einzugehen. Dasselbe gilt für die folgende Skizze.

Geist	glauben	innerlich frei	Liebe	Sinn	Intuition (Innenschau)	Erkenntnis (Vernunft)	Gottesfurcht
Seele (Mensch)	denken	äußerlich frei	Vergnügen (Freude)	Ziel	innere Sinne	Intellekt (Verstand)	Furcht
Körper (Tier)	fühlen	unfrei	Lust (Sex)	Ursache	äußere Sinne	Instinkte	Angst

3 Das selbständige Erforschen der Wahrheit

Der heutige Mensch, gleichgültig auf welcher sozialen Stufe er steht und welche Schulbildung er hat, kann im Vergleich zum Menschen der früheren Zeit in einem ganz anderen Maße selbständig denken und logische Schlüsse ziehen. Vor 2000 Jahren waren es nur einzelne, die das konnten, und vor 3000 Jahren hat diese Entwicklung überhaupt erst angefangen. Jean Gebser schildert in seinem Werk «Ursprung und Gegenwart» an Hand von Beispielen aus allen Gebieten der Wissenschaft und Künste, wie sich das menschliche Bewußtsein entwickelt hat. Gebser übt mit seinem Werk einen enormen Einfluß auf die Wissenschaftler und Künstler unserer Zeit aus und weist darauf hin, wie wir uns heute in einer Übergangzeit befinden, wo sich das menschliche Bewußtsein von der mentalen Stufe zur integralen erhebt.

Vielleicht ist die Möglichkeit zu denken genauso stark und so schnell gewachsen wie die Gesamtmenge unseres Wissens. Ich habe einmal gelesen, daß dieses Wissen von Christi Geburt bis 1750 sich verdoppelt hat. Von 1750 bis 1900 wurde es wieder verdoppelt. Es verdoppelte sich abermals von 1900 bis 1950. Dann wurde der Zeitraum immer kürzer, in dem es sich von 1950 bis 1960 verdoppelte. Dasselbe geschah von 1960 bis 1966 und von 1966 bis 1969. Nach dieser Berechnung soll sich 1975 die gesamte Wissensmenge der Menschheit alle 3 Monate verdoppeln. Ein anderes Beispiel für diese Entwicklung ist das Vorhandensein von 6000 verschiedenen medizinischen Fachzeitschriften, von denen 2000 vor 4 Jahren noch nicht existiert haben.

Es geht hier jedoch nicht um die Spekulation der Entwicklung des menschlichen Denkvermögens – schließlich hat sich der Mensch ja wieder Werkzeuge, die Computer, geschaffen, die ihm das unschöpferische Denken abnehmen –, sondern darum, daß der einzelne sich darüber klarwerden sollte, daß er selbständig denken kann.

Im gegenwärtigen Augenblick glauben die meisten noch nicht an diese ihre Fähigkeit und machen sich in ihrer Meinungs- und Urteilsbildung noch zu sehr abhängig von den Informationen, die sie durch ihre Umgebung, also durch Elternhaus, Verwandte, Bekannte, Freunde, Erzieher, Literatur, Presse, Radio, Fernsehen und Propaganda, erhalten. Unsere Aufgabe ist es nicht, diese Informationen ungeprüft einfach zu übernehmen und uns zu eigen zu machen, denn dies führt nur allzu leicht zu negativen Vorurteilen oder zur typischen Wissenschaftsgläubigkeit unserer Zeit. Ebensowenig ist es unsere Aufgabe, alles, was wir wahrnehmen, zu kritisieren, weil dies zu Pessimismus, ja zum Negativismus und zur Rebellion führt. Unsere Aufgabe besteht vielmehr darin, die Informationen, die ja ständig auf uns eindringen, kritisch zu prüfen und das für richtig Erkannte für uns zu akzeptieren.

Dazu bedarf es allerdings eines Maßstabes, den die Individualpsychologie mit ihren Begriffen des Gemeinschaftsgefühls und des Mutes bietet. Einen noch besseren Maßstab bietet der echte Glaube an den einen Gott.

4 Die Wichtigkeit des einzelnen

Konfuzius sagte schon: «Jeder einzelne ist für den Auf- und Abstieg der ganzen Welt verantwortlich.» Einstein meinte: «Der Mensch, der sein eigenes Leben und das seiner Mitgeschöpfe für bedeutungslos hält, ist nicht nur unglücklich, sondern fast des Lebens nicht wert.» Und noch ein Zitat, diesmal von

Gebser: «Denn alles, was von irgendwelcher Reichweite sein soll, muß im einzelnen beginnen und durch den einzelnen verwirklicht werden.»

Es ist eine Tatsache, daß wir zu wenig an uns selber glauben und zu wenig davon wissen, daß jeder einzelne, der kleine Mann auf der Straße, für die ganze Menschheit und ihre Zukunft von Wichtigkeit ist. Es sind nicht nur die Politiker, Wirtschaftsfachleute und sonstige Größen, die diese Welt bestimmen, sondern jeder einzelne, ob Mann oder Frau oder Kind, ob bewußt oder unbewußt, ist für die Menschheit und ihre Entwicklung notwendig. Die Wichtigkeit des einzelnen hängt von seinem Glauben daran ab. Es kommt auf den Glauben an sich selbst an.

Woodrow Wilson, der amerikanische Präsident, sagte einmal: «Nationen erneuern sich von unten, nicht von oben her. Alles, was ich über Geschichte weiß, all meine Erlebnisse und Beobachtungen haben in mir die Überzeugung gefestigt, daß die wahre Lebensweisheit aus den Einzelerfahrungen alltäglicher Menschen erwächst. Nützlichkeit, Kraft und Fruchtbarkeit des Lebens gehen wie das natürliche Fortwachsen eines großen Baumes vom Erdreich aus, steigen durch den Stamm hinauf in die Äste und dringen in Laubwerk und Früchte. Von den emporstrebenden Massen der Namenlosen, die überall den Boden bilden, geht die dynamische Kraft aus, die das Niveau der einzelnen Gesellschaftsschichten hebt. Ein Volk hat nur soviel Größe wie die breite Masse in ihm.» Jede Meinung und jede Erwartung, jeder Wunsch und jede Gleichgültigkeit, jede Handlung, jeder Glaube und jeder Zweifel üben ihren Einfluß auf andere aus, gleichgültig, ob der einzelne sich dessen bewußt wird oder nicht. Man kann sich kaum etwas denken, von dem man sagen könnte, daß es ganz die Privatsache eines einzelnen wäre.

Hierzu ein kleines Beispiel: Angenommen, ich stehe mit einem Bekannten im Gespräch und ein Dritter hört nur gerade so im Vorbeigehen einige meiner Worte und Sätze. Es ist nun denkbar, daß irgendein Satz ihm einen solchen Eindruck macht – ohne daß er sich des Zusammenhangs bewußt werden konnte –, daß dieser Satz sein Leben völlig ändern kann. Dabei bin weder ich noch er sich der Bedeutung bewußt geworden, die er diesem nur so zufällig gehörten Satz beigemessen hat.

Was uns fehlt, ist immer wieder der Glaube an uns selber, an den Einfluß, den wir ausüben, ob wir wollen oder nicht. Wenn wir uns dessen aber bewußter werden, kann unser Einfluß im Positiven immer bedeutsamer werden.

Zur Illustration diene folgende kleine Geschichte, die ich einmal in einer Zeitung gelesen habe: Der kleine Peter spielte lärmend im Zimmer, während sein Vater versuchte, ein Buch zu lesen. Alle Anstrengungen des Erziehers, seinen Sprößling zu ruhigerem Verhalten zu bewegen, fruchteten nichts, so daß er einen letzten verzweifelten Versuch machte. Er riß eine Seite einer Weltkarte heraus und zerfetzte sie in kleine Stücke. «Hier kannst Du spielen ohne zu lärmen», sagte er, «versuche es einmal und setze das wieder zusammen!»

Nun werde ich längere Zeit Ruhe haben und in Muße lesen können, dachte der geplagte Vater und vertiefte sich von neuem in seine Lektüre.

Wie erstaunt aber war er, als Peter nach kurzer Zeit die Karte tadellos zusammengesetzt hatte.

«Wie hast Du das so rasch zusammengebracht, Petermann?», fragte er überrascht.

«Ach, das war ganz einfach», meinte der Kleine. «Siehst Du, auf der anderen Seite ist das Bild eines Menschen. Ich setzte den Menschen zusammen, und damit war auch die Welt in Ordnung!» Worüber der Vater sehr lange nachdenken mußte (Max Huber).

5 *Die Zielgerichtetheit des Menschen*

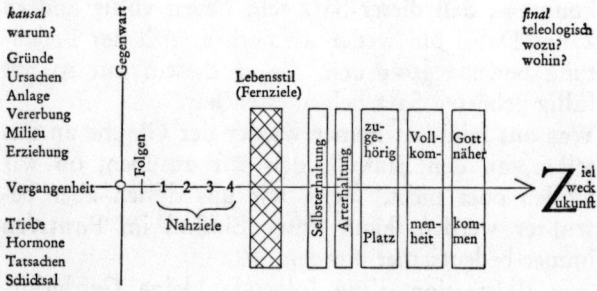

Wenn wir die obige Skizze betrachten, so führt die horizontale Linie von der Vergangenheit zur Zukunft, zum Ziel, zum Zweck, zur Absicht. Der vertikale Strich stellt den Augenblick der Gegenwart dar, wo irgend etwas los, also nicht in Ordnung ist, wo wir uns etwas vornehmen, uns mit etwas befassen müssen, wo wir unglücklich oder deprimiert oder müde oder erschöpft oder unzufrieden sind, wo wir irgend etwas gemacht haben, was nicht richtig war, wo wir uns über uns selbst oder über andere ärgern usw. Seither hat man, um der Sache auf den Grund zu gehen, nach rückwärts geschaut, man hat die Frage «Warum?» gestellt, man schaute nach Gründen, nach Ursachen, kurz, es war die kausale Betrachtungsweise. Der Blick auf die Anlage, nämlich das, was der Mensch mitbringt, war wichtig, wie auch der auf die Vererbung. Das Milieu wurde herangezogen, und auch die Erziehung usw. Man hielt selbstverständlich sofort nach Entschuldigungen Ausschau, man hat also die Triebe, die Hormone, den leichten Hirnschaden oder Ähnliches verantwortlich gemacht. Diese sogenannten Tatsachen wurden überschätzt.

Heute schaut man, besonders, wenn es sich um seelische Dinge handelt, nicht mehr so sehr zurück, sondern nach vorne. Die Frage lautet nicht mehr «Warum?», sondern «Wozu?» oder «Wohin?» Dies nennt man die finale oder teleologische Betrachtungsweise. Für dieses völlig geänderte Vorgehen gibt es viele Begründungen, von denen einige angeführt werden: Erstens einmal gehört das, was zu den in der Gegenwart untersuchten Verhaltensweisen, Gefühlen, Stimmungen geführt hat, der Vergangenheit an, d. h., man kann es, weil es ja bereits geschehen ist, nicht mehr ändern. Das Ziel aber, das mir dabei vorschwebte, steht ja immer noch vor mir, auch wenn es mir nicht bewußt ist. Das, was noch vor mir ist, eben dieses unbewußte Ziel, kann ich aber ändern, sobald ich es mir bewußt mache. Ferner kann ich für das Untersuchte hundert Gründe finden. Manche Fachleute würden sogar am liebsten noch in den Mutterleib hineinsehen, um festzustellen, was damals dem kleinen Kind passiert ist. Aber für unser Verhalten in einem gegebenen Augenblick kommt nur *ein* Ziel in Betracht. Und ein Ziel zu erkennen, ist leichter, als unter Hunderten von Gründen den verursachenden zu finden. Außerdem scheint die Kraft, die uns von vorne «hinanzieht», stärker zu sein als die Kraft, die uns von hinten treibt.

Die Frage ist jetzt, welche Ziele hat der Mensch? Für diejenigen, die an ein geistiges Prinzip, an eine höhere Macht, die wir im allgemeinen mit dem Namen «Gott» belegen, glauben, für sie gilt dieses größte, höchste, letzte Ziel, nämlich, Gott immer näher zu kommen. Es kommt bei den Zielen grundsätzlich nicht darauf an, daß man sie erreicht, sondern daß man sie als richtungsweisend vor sich sieht, genau, wie der Seemann, der die Sterne nicht erreichen will, aber sich trotzdem nach ihnen richtet.

Ein weiteres großes Ziel ist das der Vollkommenheit. Diesem Ziel folgt jeder, ob er es weiß oder nicht und ob er es will oder nicht. Vollkommenheit ist nicht im Sinne der Perfektion, des Perfektionismus gemeint, sondern als Grundlage jeder Entwicklung. Der Mensch will sich zu dem entwickeln, was mit ihm gemeint ist. Er will sich zu seinen Möglichkeiten und Fähigkeiten auf die beste Art entfalten. Als Beispiel diene das kleine Kind, das in seiner Wiege auf dem Rücken liegt und anfängt, mit seinen Fingerchen zu spielen. Damit folgt es dem Ziel der Vollkommenheit, d. h., es will dabei den Gebrauch der Finger und der Hand lernen, selbstverständlich, ohne sich dessen bewußt zu sein.

Ein anderes großes Ziel, dem auch jeder folgt, ob bewußt oder ungewollt, ist das positive Ziel, sich zugehörig zu fühlen. Jeder Mensch will wissen, wohin er gehört, will wissen, wo sein Platz ist. Dieses Ziel leitet die kleinen Kinder genauso wie die Erwachsenen. Keiner will immer allein sein, denn der Mensch ist, wie schon früher gesagt, ein soziales Wesen.

Auf der Skizze links von diesem großen Ziel der Zusammengehörigkeit werden zwei weitere Ziele ersichtlich, nämlich Ziele, die im allgemeinen als «Triebe» bezeichnet werden, das Ziel der Selbsterhaltung und das der Arterhaltung. Wenn wir nur von der körperlichen, tierischen Stufe ausgehen, kann man wohl vom Sexualtrieb sprechen, dem aber auf der menschlichen Stufe das Ziel, die Art zu erhalten, d. h. das Menschengeschlecht fortzupflanzen, übergeordnet ist. Ebenso sind z. B. Hunger und Durst auf der körperlichen Stufe Triebe, die aber dem Ziel der Selbsterhaltung untergeordnet sind.

Links von diesen Zielen sehen wir auf unserer Skizze den Lebensstil, mit dem wir uns später zu befassen haben. Auf der Skizze ist er schraffiert, weil er, im Gegensatz zu den seitherigen Zielen, negative Teile enthält. Dazu gehören die Fernziele eines Menschen, die dem Erwachsenen unbewußt sind, weil sie aus der Grundeinstellung kommen, aus der Meinung, die sich das kleine Kind von sich, von seinen eigenen Kräften und Fähigkeiten, von den anderen Menschen, vom Leben und der Welt gebildet hat. Auch die Methoden, die es entwickelt hat, um durch Erreichen dieser Fernziele das Leben zu bestehen, können im Lebensstil enthalten sein. Die kleinen Kinder beobachten sehr gut, aber da sie noch nicht genügend Erfahrung und Wissen haben, deuten sie ihre Erlebnisse sehr oft in einer irrtümlichen Weise, wodurch das Negative in den Lebensstil hereinkommt.

Hier einige Beispiele für solche Fernziele: «Ich muß gut sein» (dieses Ziel ist, wie wir später noch sehen werden, nicht so positiv, wie es im ersten Augenblick erscheinen mag). Oder: «Ich will etwas Besonderes sein», oder: «Ich will der Erste sein», oder: «Ich will mich der Hilfe anderer versichern» usf. Dieser Lebensstil ist für die Selbsterziehung sehr bedeutsam.

Beinahe noch wichtiger sind die mit den Zahlen 1–4

bezeichneten sogenannten «Nahziele», die unser soziales Verhalten bestimmen. Wir verfolgen – auch wieder unbewußt – eines dieser 4 Ziele immer dann, wenn unser soziales Verhalten nicht dem gesunden Menschenverstand, dem Gemeinschaftsgefühl, entspricht, wenn wir anecken oder unzufrieden sind oder mit anderen nicht harmonisch zusammenleben können. Genauso wie der Lebensstil wird daraus eine unserer wichtigsten Methoden der Selbsterziehung. Hier seien nur diese 4 Ziele genannt. Das erste Ziel ist die Entschuldigung für eigene Mängel, das zweite das Erregen von Aufmerksamkeit, das dritte das Gewinnen von Überlegenheit, und das vierte Nahziel ist Vergeltung.

Auf der obigen Skizze ist noch ein weiteres Symbol, nämlich ein Strich rechts von der Gegenwart, bezeichnet mit «Folgen». Wie wir später noch sehen werden, müssen wir nur die Folgen unseres Verhaltens oder unseres Zustandes erkennen, um damit zur Erkenntnis der Nahziele zu gelangen.

6 *Die Kraft der Erwartungen bzw. des Glaubens*

Erwarten heißt, auf etwas gerichtet sein, was kommt. Erwartungen sind wahrscheinlich die stärkste Kraft im menschlichen Leben. Angst z. B. ist fast immer eine Erwartungsangst, d. h. man erwartet, daß etwas schiefgeht, daß etwas mißlingt, daß man Mißerfolg hat usw. Selbstverständlich gibt es auch positive Erwartungen, die wir unter dem Begriff des Optimismus zusammenfassen können.

Der Optimist erwartet, daß es klappt, daß es ihm gelingt, daß er etwas erreicht, daß er Erfolg hat und daß es einen Sinn hat, was er tut. Der Optimist

behält mit seinem Optimismus recht, denn in 85%
der Fälle hat er Erfolg. Was er sich aber nicht bewußt macht, ist, daß er durch seine Einstellung zum
Erfolg beiträgt, indem er nämlich seine Kräfte zur
richtigen Zeit, am richtigen Platz, in der richtigen
Weise anwendet. Er bewegt sich in der bestmög-
lichen Richtung, er wird sich setzen, wenn dies
richtig erscheint, und wird gehen, wenn die Umstände dies geraten erscheinen lassen.

Natürlich sind manchmal die Umstände, die äußeren Kräfte, die anderen, stärker als er, und es kann
sein, daß er trotz richtigen Verhaltens Pech hat.
Dies sind eben die anderen 15%. Was tut er dann?
Er sagt sich zuerst: «Ja, selbstverständlich, man
kann nicht immer Erfolg haben, das gehört zum
Leben, es ist nicht jeden Tag Sonntag, aber warum
sollte es nicht das nächstemal wieder gelingen?»
Zweitens wird er untersuchen, ob er das nächstemal
etwas anders, etwas besser als beim erstenmal handeln kann. Er geht voll Zuversicht an die zu lösende
Aufgabe und wird wieder Erfolg haben.

Aber wie sieht es mit seinem Gegenspieler, dem
Pessimisten, dem Pechvogel aus? Dieser erwartet,
daß es schiefgeht, daß er keinen Erfolg hat, daß
er es nicht kann und daß er versagt. Auch er behält in 85% der Fälle recht. Warum? Weil er sich
von vornherein so bewegt, daß er an der falschen
Stelle den Hebel ansetzt, daß er seine Kräfte nicht
im richtigen Zeitpunkt zusammenfaßt, daß er geht,
wenn es besser wäre, zu sitzen, oder daß er sitzt,
wenn die Bewegung richtiger wäre. Er macht den
Mund auf, wenn es besser wäre zu schweigen, und
hält den Mund, wenn es besser wäre, etwas zu
sagen. Kurz, er bewegt sich meist in der falschen
Richtung und ruft dadurch, ohne es selbst zu wissen,

den Mißerfolg hervor. Aber selbst dem größten Pessimisten kann es vorkommen, daß er wider alles Erwarten Erfolg hat. Das sind eben wieder die anderen 15%. Was tut er dann? Er sagt sich: »Irgend etwas muß da falsch gelaufen sein!« Und er hat wieder erreicht, was er will, nämlich er hat recht gehabt (Dreikurs).

Viele betrachten den Pessimismus als die wohl entgegengesetzte, aber gleichberechtigte Lebensauffassung zum Optimismus. Das stimmt aber nicht, denn der Pessimist erwartet das Schlechte, wie der Optimist das Gute erwartet. Es wird wohl keiner sagen wollen, daß Gut und Schlecht auf dieselbe Stufe gehören. Das Schlechte ist im Minus und das Gute im Plus. Das Plus steht über dem Minus, genauso, wie wir Gott und Teufel, Licht und Finsternis nicht auf dieselbe Ebene stellen würden. Vom einzelnen aus gesehen, kann der Pessimismus berechtigt erscheinen, weil er sich entscheiden kann, was er glauben will. Aber von der Wirkung her ist er nicht berechtigt.

Natürlich ist, wenn vom Optimismus die Rede ist, der echte Optimismus gemeint, nicht der Optimismus eines Narren, der einfach den Kopf in den Sand steckt und sagt: «Ich gehe einfach über die Straße und brauche nicht nach rechts oder links zu schauen, es wird mich schon keiner anfahren.» Das ist kein Optimismus, denn der Betreffende glaubt ja weder an seine Kräfte noch an das Leben und die Wirklichkeit.

In diesem Zusammenhang erhebt sich oft die Frage nach dem sogenannten Zweckpessimismus. Aber auch dieser kann nicht berechtigt sein, denn man will auf diese Weise Enttäuschungen vermeiden, was ein Zeichen von Schwäche ist. Man glaubt, Enttäuschungen nicht ertragen zu können. Außerdem wird noch rationalisiert, indem man sich sagt, daß die Freude um so größer wäre, wenn man wider Erwarten doch Erfolg hat. In Wirklichkeit sind wir aber in der Lage und haben die Kraft, mit den Dingen fertig zu werden. Wie wir noch sehen werden, ist es sogar unnötig, in sich das Gefühl der Enttäuschung zu erzeugen.

Auf jeden Fall brauchen wir uns selbst nichts vorzumachen, so daß auch der Trick des Zweckpessimismus seinen Sinn verliert.

Da die Kraft der Erwartungen eine sehr große Rolle in der Selbsterziehung spielt, muß erwähnt werden, daß man genauso gut von der Kraft des Glaubens sprechen kann. Damit ist der umfassende Glaube, d. h. der Glaube als menschliche Funktion gemeint, zu welcher selbstverständlich auch der religiöse Glaube zählt. Daß diese menschliche Kraft allgemein mehr Beachtung findet und auch wissenschaftlich nicht mehr geleugnet werden kann, zeigt sich an den bekannten Versuchen mit den sogenannten «Placebos». Placebos sind Scheinmedikamente, d. h. Arzneien, die in Wirklichkeit keine sind, sondern nur so aussehen, weil sie aus Dingen wie Wasser, Farbe, Mehl usw. hergestellt sind, die keine medizinische Wirkung haben können. Die Versuche mit diesen Placebos haben Folgendes ergeben:

Man gab diese Placebos einer größeren Gruppe von Ärzten mit der Weisung, sie ihren Patienten weiterzugeben. Bei einem Großversuch, der an Tausenden von Patienten vorgenommen wurde, stellte sich heraus, daß zwei Drittel aller Patienten aufgrund dieser Placebos geheilt worden sind. Sie haben nämlich erwartet – man kann auch sagen, sie haben geglaubt –, daß es sich um richtige Mittel handelt, die ihnen helfen. Solche Versuche sind schon öfters gemacht worden, aber einer dieser Großversuche wurde zum Doppelblindversuch erweitert.

Man gab im zweiten Teil dieses Experiments wieder einer größeren Gruppe von Ärzten diese Placebos, ließ dieses Mal aber die Ärzte selber im Glauben, daß es sich um echte Medikamente handelt. Die Ärzte haben also diese Placebos ihren Patienten in gutem Glauben ausgegeben, mit dem Resultat, daß annähernd 90% aller Patienten gesund wurden. Dieses erstaunliche Ergebnis kam dadurch zustande, daß außer dem Glauben der Patienten an die Medikamente, im zweiten Teil des Versuchs auch der Glaube der Ärzte an die Medikamente hinzukam und, drittens, der Glaube der Patienten an die Ärzte viel größer war als beim ersten Teil des Versuches, wo die Ärzte die Placebos mit einer gewissen Skepsis an die Patienten weitergegeben hatten.

Natürlich wurden sich die Patienten dieser Skepsis nicht bewußt, spürten sie jedoch genauso, wie sie im zweiten Teil die Erwartung der Ärzte spürten, daß die Mittel ihnen helfen. Im zweiten Teil war sozusagen der Glaube, der bei der Heilung eine Rolle spielte, verdreifacht.

Dieser Glaube, diese Erwartungen sind geistige Kräfte, von denen wir im allgemeinen noch nicht genügend Kenntnisse haben. Daß sie aber bestehen, ist keine Frage.

Die Kenntnis von der Kraft der Erwartungen bzw. des Glaubens kann in der Selbsterziehung eine sehr große Hilfe bieten. Wir können uns vorstellen, was wir in einem gegebenen Augenblick erwarten. Glauben wir, daß es schiefgeht oder daß es gutgeht, daß wir eine Chance haben oder daß wir es doch nicht schaffen? Es seien deshalb hier noch einige Beispiele genannt:

Ein Anfänger im Radfahren, der sich noch sehr unsicher fühlt, sucht sich eine ruhige Straße ohne viel Verkehr aus, um zu üben. Plötzlich sieht er vor sich mitten auf der leeren Straße einen großen Stein liegen. Da er Angst hat, fährt er sehr wahrscheinlich auf den Stein, obwohl links und rechts genügend Platz wäre, daran vorbeizukommen.

Es gibt auch sehr extreme Beispiele. Besonders bekanntgeworden und auch wissenschaftlich nachgeprüft ist die Geschichte von dem Arbeiter im Kühlwagen, die sich vor einiger Zeit in den Vereinigten Staaten von Amerika zugetragen hat:

Auf einem Güterbahnhof wurde versehentlich ein Verladearbeiter in einen Kühlwagen eingeschlossen. Etwa 24 Stunden später, als der Wagen auf einem anderen Bahnhof geöffnet wurde, lag der Mann tot im Wagen mit körperlichen Symptomen des Erfrierens. Nun stellte man fest, daß nicht nur dieser unglaubliche Fehler gemacht worden war, einen Mann in den Kühlwagen einzuschließen, sondern es war der genauso unglaubliche Fehler vorgekommen, daß man beim Schließen des Waggons vergessen hatte, das Kühlsystem einzuschalten. Es herrschte beim Öffnen des Wagens eine ganz normale Temperatur. Was war geschehen?

Sicher hatte dieser Mann versucht, sich irgendwie bemerkbar zu machen, aber bei dem Lärm auf dem Bahnhof und auch infolge der dicken Isolierung des Kühlwagens hatte es offenbar niemand gehört. Dieser Mann wußte nun sicher, daß beim Schließen des Waggons das Kühlsystem eingeschaltet wird. Er wußte auch, daß der Wagen erst wieder nach 24 Stunden an einer anderen Station geöffnet wird und daß der menschliche Organismus diese Unterkühlung nicht länger als vielleicht 2–3 Stunden aushalten würde. Er war also überzeugt, daß er jetzt sterben müsse. In diesem Glauben, in dieser Erwartung war er gestorben, ohne daß es nötig gewesen wäre. Das ist kein alltäglicher Fall, doch zeigt er, wie stark die Kraft der Erwartungen bzw. des Glaubens sich auswirken kann, so daß sein Körper sogar Zeichen der Erfrierung (bei normaler Temperatur!) aufwies.

Eine indische Psychologin berichtet, daß es in Indien oft vorkomme, daß Menschen von Schlangen gebissen werden und daran sterben. Durch irgendeinen Zufall findet man dann – z. B. im Haus — diese Schlange und stellt fest, daß sie gar nicht giftig ist. Nur weil die Inder wissen, daß viele Schlangen in Indien giftig sind, und weil sie glauben, daß sie an deren Biß sterben müssen, sterben sie auch am Biß ungiftiger Schlangen. Ebenso wohl bei den bekannten Verurteilungen Abwesender durch einen Medizinmann oder Zauberer in Australien, in der Südsee, in Afrika oder Südamerika. Die Berichte, nach denen der Betreffende drei Tage später gestorben ist, sind wohlbezeugt.

Weil diese Frage so wichtig ist, seien noch einige Beispiele gegeben, die zeigen, daß wir mit der Kraft der Erwartung nicht nur uns selbst beeinflussen können. Bekannt ist die Frau, die in der Schwangerschaft von ihrem Kind träumt, das nach der Geburt genauso aussieht wie im Traum. Verbreitet ist auch die Geschichte von den beiden Männern, die sich in der Dunkelheit begegnen. Sie hören die Schritte des anderen und stellen sich vor, daß er ein Verbrecher sein könnte, der ihnen etwas antun will. Beide sind friedliche Bürger, aber beim Herannahen der Schritte entwickeln sie eine ungeheure Angst, und als sie auf gleicher Höhe sind, prügeln sie plötzlich aufeinander los, nur weil sie erwarten, der andere würde anfangen.

Ein letztes Beispiel soll zeigen, daß diese Kraft der Erwartung nicht nur bei uns selbst oder anderen Menschen einen Einfluß hat, sondern daß dadurch auch Tiere beeinflußt werden können.

Vor einigen Jahren kam in der Presse die Meldung, daß ein kleiner Junge von einem großen Hund, einer deutschen Dogge, buchstäblich zerfleischt worden war. Folgendes hatte sich zugetragen: Ein Herr ging mit diesem Hund an der Leine spazieren und begegnete einem kleinen Jungen. Plötzlich riß sich der Hund los – was er vorher noch nie getan hatte – stürzte sich auf den Jungen und zerfleischte ihn vor den Augen seines entsetzten Herrn. Der Junge wurde ins Krankenhaus gebracht und starb dort nach wenigen Tagen an seinen Verletzungen. Vorher aber noch kam er zu Bewußtsein und beteuerte, daß er dem Hund doch gar nichts getan hätte: er hätte nur eine fürchterliche Angst vor ihm gehabt.

In diesem Fall hatte der Hund diese unberechtigte Angst wohl gespürt und kaum anders reagiert als ein Erwachsener, demgegenüber ein kleines Kind Angst zeigt. Wir selbst glauben ja, harmlos zu sein und beteuern in einem solchen Fall dem Kind, daß es keine Angst haben muß. Wenn es aber trotzdem diese «unvernünftige» Angst zeigt, dann werden wir, wenn wir keinen Erfolg haben, das Kind von unserer Harmlosigkeit zu überzeugen, immer ärgerlicher, bis wir in einen Zustand geraten, der dem Kind zeigt, daß es mit Recht Angst vor uns haben muß.

Es ist eine außerordentlich bedeutsame Erkenntnis, daß der Mensch von morgens bis abends Entscheidungen trifft, von denen sich allerdings die wenigsten zur bewußten Ebene erheben. Wir entscheiden nicht nur unsere Gedanken, sondern auch unsere Gefühle und Stimmungen. Wir entscheiden sogar unsere neurotischen Fehlhaltungen, genauso wie unsere Träume. Auf der materiellen Stufe ist dies leicht klarzumachen: Jeder Autofahrer, der vor sich eine Kurve, eine Kreuzung oder Steigung sieht, wird automatisch vom vierten in den dritten Gang schalten. Dies ist aber schon eine Entscheidung, die er unbewußt getroffen hat, denn er sagt nicht zu sich selbst: «Da vorne ist eine Kurve, ich muß mich jetzt entscheiden, vom vierten in den dritten Gang zu schalten.» Ein solcher Mechanismus ist schon aus ökonomischen Gründen nötig. Wenn wir uns nämlich alle unsere Entscheidungen bewußtmachen würden, dann kämen wir kaum zum Handeln.

Auf der seelischen Stufe ist es nun noch viel stärker der Fall, daß wir laufend Entscheidungen treffen, ohne uns dessen bewußt zu werden. Was wir auch denken und fühlen, wie wir handeln, was wir erwarten und was wir glauben, es sind jeweils meine Entscheidungen. Diese Auffassung vom Menschen als Entscheidungen treffendes Wesen scheint im ersten Augenblick einen großen Nachteil mit sich zu bringen, weil es dann nicht mehr viele Dinge gibt, die uns Entschuldigungen bieten.

Letzten Endes sind wir so für alle unsere Taten, für all unser Verhalten, sogar für unsere Charakterzüge verantwortlich. Diese Verantwortung auf sich zu nehmen, daß heißt auf all die vielen gebräuchlichen

Entschuldigungen zu verzichten, fällt dem heutigen Menschen nicht leicht. Er strebt wohl nach Freiheit, möchte aber die damit verbundene Verantwortung möglichst nicht auf sich nehmen, sondern möchte immer mehr Verantwortung dem Staat, den Institutionen und anderen abgeben. Es handelt sich aber nur um einen scheinbaren Nachteil, denn was wir mit dieser Erkenntnis gewinnen, ist eine ungeheure innere Freiheit, die uns die Kraft gibt, mit uns, mit anderen, mit den Dingen und dem Leben fertig zu werden. Der scheinbare Nachteil rührt daher, daß wir uns die innere Freiheit im allgemeinen noch nicht vorstellen können, da wir sie kaum erlebt haben.

Tatsächlich lohnt es sich aber, dieses Mehr an Verantwortung auf sich zu nehmen, um uns mit Hilfe dieses Krafts- und Freiheitsgefühls nicht nur stärker und freier zu fühlen, sondern auch bewußter und geistiger zu werden und damit unser eigenes Leben besser zu meistern und das Leben anderer positiv zu beeinflussen.

8 *Das Neue*

Es handelt sich dabei um ein bemerkenswertes Problem, insofern der moderne Mensch gegenüber Neuem aufgeschlossen erscheint, es aber tatsächlich nicht ist. Mit anderen Worten, wir sind an Neuigkeiten, technischen Errungenschaften und Spielereien interessiert, weil sie uns nicht nur Zerstreuung, sondern auch Erleichterung versprechen, und unseres eigenen Einsatzes nicht bedürfen. Das wesentlich Neue ist dagegen im allgemeinen nicht leicht zu verstehen, weil es einen Lernprozeß erfordert. Lernen wird uns aber meist schon in der frühen Kindheit als ein «Muß» hingestellt, so daß sehr viele Menschen mit dem Lernen aufhören, sobald sie in der Schule nicht mehr lernen «müssen».

Das Neue bedeutet oft auch eine Wandlung, und das heißt ein Sterben und ein Neu-Entstehen. Das Alte muß sterben, um dem Neuen Platz zu machen. Weil man nun im allgemeinen nicht gern vom Sterben hört, wehrt man sich dagegen, das beginnende Neue bewußt aufzunehmen.

Meist weist das Neue auf einen Fehler im Alten hin. Keiner aber gibt gern einen Fehler zu oder ist bereit, seine bisherige Lebenseinstellung zu ändern oder gar die Richtung völlig zu wechseln. Man betrachtet das Alte als Halt, als Seil, an dem man sich festhalten kann, als Sicherheit. Das Neue macht demgegenüber oft unsicher. Man hat sich seine Welt aufgebaut, findet sich darin zurecht, und neigt deshalb zum Verharren aus Bequemlichkeit und aus der Trägheit des Herzens und Geistes heraus. Die Daseinsbefriedigung ist auf der körperlichen und auf der seelischen Stufe durch Lust und Freude direkt und greifbar möglich, so daß man dazu neigt, das Geistige als zu weiten und umständlichen Weg abzulehnen. Je erweiterter unser Bewußtsein wird, desto mehr Fehlerquellen sind möglich, desto mehr ist das Abirren von der richtigen Richtung, desto mehr sind Gegensätze möglich. Man glaubt dann, daß es schwierig sei, wieder seinen Platz zu finden.

Das geistig Neue erfordert ferner ein neues Denken, wie zum Beispiel das Stufendenken, das hinsichtlich seiner Anwendung eben auch neu ist. Einstein hat es so zum Ausdruck gebracht: «Eine neue Art zu denken ist notwendig, wenn die Menschheit weiter bestehen will! Das ist das dringendste Problem unserer Zeit.»

Heinrich Heine sagte: «Jedes Zeitalter, wenn es neue Ideen bekommt, bekommt auch neue Augen.» Wir wehren uns dagegen, daß das Alte dem Neuen geopfert werden muß und erfinden dann solche Ausreden wie: «Es ist alles schon einmal dagewesen.» Dieser Spruch ist gegen die Entwicklung und gegen die Entdeckung von Neuem und neuen Kräften. Die gefärbte Brille, die wir alle tragen, hindert uns, das Neue zu sehen, und deshalb haben wir im allgemeinen zu wenige Organe für das Neue entwickelt. W. Jensen drückt das so aus: »Wer etwas allen vorgedacht, wird jahrelang erst ausgelacht, begreift man die Entdeckung endlich, so nennt sie jeder: selbstverständlich.»

Wir müssen uns darüber klar sein, daß das Neue da ist, und daß es nur an uns liegt, es sehen zu wollen. Bahá'u'lláh äußerte: «Wir haben ... als Zeichen unserer Gnade für die Menschen eine neue Schöpfung ins Leben gerufen.» Und «In jedem Zeitalter und Zyklus hat Gott durch das von den Offenbarungen seines wunderbaren Wesens ausgegossene strahlende Licht die Dinge neu erschaffen.» Oder, wie es in der Bibel heißt: «Leget von Euch ab den alten Menschen mit seinem vorigen Wandel ..., erneuert Euch aber im Geiste Eures Gemüts und sehet den neuen Menschen an, der nach Gott geschaffen ist in rechtschaffener Gerechtigkeit und Heiligkeit.»

9 Sowohl-Als-auch

Seither galt das «Entweder-Oder». Man wollte die Dinge nur einseitig, eingleisig sehen, man wollte alles in getrennte Schublädchen einteilen können und meinte damit zu einer bequemen Ordnung zu gelangen. Tatsache ist, daß Verallgemeinerungen aus der Unsicherheit stammen. Man sucht nach Richtlinien, nach Dogmen und will das Absolute, das uns letzten Endes aber verwehrt bleiben muß.

Aus dieser Haltung heraus sind übrigens die heute immer noch beliebten Schönheitswettbewerbe entstanden, ebenso wie der heutige Konkurrenzsport, wo nach dem Stärksten oder dem Schnellsten gesucht wird.

Heute wissen wir, daß das Prinzip des Entweder-Oder veraltet ist und daß das neue Prinzip des Sowohl-Als-auch als nötig und richtungweisend erkannt worden ist. Alles in der Welt hat mindestens zwei Seiten, und alles hat mehr als eine Erklärung. Die moderne Physik hat uns dies gezeigt, indem sie davon spricht, daß Licht beides ist, sowohl Welle als auch Korpuskel. Mit dem alten Denken, das noch sehr vom Vorstellungsvermögen abhing, wäre als Erklärung nur entweder das eine oder das andere möglich gewesen. Heute wissen wir, daß sowohl die Anschauung des Lichtes als Welle als auch die Anschauung des Lichtes als Massenteilchen richtig ist, wenn auch beides nicht zur gleichen Zeit beobachtet werden kann.

Ein Beispiel aus dem Psychischen: Früher meinte man, es gäbe nur Freiheit ohne Ordnung oder Ordnung ohne Freiheit, Beides ist nicht richtig, denn Freiheit ohne Ordnung führt zur Zügellosigkeit, und Ordnung ohne Freiheit führt zu Zwang und Unterdrückung. In Frage kommt nur sowohl Freiheit als auch Ordnung, d. h., die Freiheit als Möglichkeit, unabhängig zu handeln, soweit man damit nicht gegen die Freiheit anderer verstößt und die Ordnung, die keinem Einzelinteresse, sondern nur allen zusammen dienen darf.

Das Prinzip des Sowohl-Als-auch ist nicht nur bei der Selbsterziehung, sondern auch bei der Erziehung von Kindern unerläßlich. Ein Kind kann nicht nur entweder fleißig oder faul sein, sondern es kann beides sein. Es ist faul, wenn es sich zum Beispiel um die Arbeiten für die Schule oder um Hilfe im Hause handelt. Es ist fleißig, wenn es seine eigenen Interessen verfolgt, in seiner Freizeit, wo es um sein Briefmarkenalbum geht oder um Spiele im Freien, wenn es sich eine Hütte baut.

III Erkenntnis allgemeiner Vorurteile

Vorurteile stören die Einheit und die Ordnung und entmutigen. Vorurteile haben, heißt nicht genügend erkennen. Sie lassen sich in zwei große Gruppen einteilen, nämlich die religiösen Vorurteile und die sozialen. Die religiösen führen zum Aberglauben. Die sozialen Vorurteile lassen sich unterteilen in rassische, nationale, menschliche und persönliche. Vorurteile können drei Folgen haben: 1. sie lassen unwissend – 2. sie hemmen die Entwicklung – 3. sie machen psychisch krank.

Ein Sprichwort lautet: «Wer Vorurteile einsaugt, ist lebenslang berauscht.» «Das gesündeste Vorurteil wieget auf der Waage der Gerechtigkeit soviel als nichts», sagte Lessing, und Kotzebue meinte: «Daß irgendein Mensch auf Erden ohne Vorurteil sein könne, ist das größte Vorurteil.» Kant schrieb: «Solange die Eitelkeit der menschlichen Gemüter noch mächtig sein wird, solange wird sich das Vorurteil auch erhalten, das ist, es wird niemals aufhören.» Marie von Ebner-Eschenbach sagte: «Ein Urteil läßt sich widerlegen, aber niemals ein Vorurteil!»

Vorurteile beruhen auf unkritischer Annahme fremder Meinungen, auf Nachahmung und auf unsachlichen Neigungen. Man hat weder den Glauben noch den Willen, sich selbst Klarheit zu verschaffen. Es ist unpersönliches Denken aus zweiter Hand.

«Die Vorurteile der Menschen beruhen auf ihrem Charakter; daher sind sie ganz unüberwindlich. Weder Evidenz, noch Verstand, noch Vernunft haben den mindesten Einfluß darauf», sagte Goethe.

Der Wissenschaftler unterscheidet wesentlich mehr Vorurteile, als dies im Alltagsleben üblich ist. So gibt es die sogenannten «verbindlichen» Vorurteile, die meist positiv sind, weil sie Liebe, Glauben, Religion und hoher sittlicher Einstellung entspringen. Dazu gehört der Glaube eines Menschen an einen anderen, dem man im voraus positive Eigenschaften zubilligt.

Hier sprechen wir aber von dem Vorurteil, wie es allgemein verstanden wird, nämlich einer Einstellung, die bekämpft werden muß, und zwar zuallererst bei uns selbst, was außerordentlich schwer ist, weil die meisten von uns glauben, nur der andere habe Vorurteile. Vorurteile sind also die unsachliche Meinung von sich und der Welt infolge des irrtümlichen Lebensstils. Einer der Hauptfaktoren, warum es uns nicht leichtfällt, unsere eigenen Vorurteile abzuschaffen, ist die sogenannte «tendenziöse Apperzeption». Das heißt, daß wir die Dinge sehen, wie wir sie – wenn auch unbewußt – sehen wollen. Keiner sieht die Tatsachen, die objektive Wirklichkeit, sondern jeder sieht durch seine ganz persönlich gefärbte Brille, die die Wirklichkeit verändert. So ist fast für alle Menschen nicht das objektive Geschehnis maßgebend, sondern das subjektive Erleben und die sich daraus bildende Meinung und die Vorurteile. Bekannt sind vor Gericht die sich widersprechenden Zeugenaussagen.

An einer größeren Universität geschah einmal Folgendes: Mitten in der Vorlesung hörten die Studenten, daß sich vor der geschlossenen Tür, also außerhalb des Hörsaales, ein Streit anbahnte, der immer lauter wurde. Plötzlich wurde die Tür aufgerissen, zwei Männer stürzten herein, brüllten einander an und belegten sich mit den übelsten Schimpfworten. Auf der Höhe des Zorns zog der eine der beiden plötzlich einen Revolver und schoß. Darauf stürzten beide Männer hinaus. Als sich die Studenten vom ersten Schrecken erholt hatten, liefen einige den beiden Männern nach, ohne sie aufzufinden. Nachdem sich alles wieder versammelt hatte, bat der vorlesende Professor die Studenten, ihm schriftlich einige Fragen zu beantworten, die sich auf den Vorfall bezogen. Er sammelte hierauf die schriftlichen Antworten ein und gestand seinen Hörern, daß das Ganze von ihm arrangiert worden war. Er wollte sehen und zeigen, wie die Anwesenden den Vorfall beurteilt hätten.

Als die schriftlichen Antworten ausgewertet wurden, stellte sich heraus, was der Professor vermutet hatte, daß selbst in den einfachsten Fragen die Meinungen auseinandergingen. Allein bei der Frage, wer von den beiden Männern den Schuß abgegeben habe, waren schon die Meinungen geteilt, obwohl man hätte annehmen müssen, daß die betreffenden Studenten – es handelte sich um Psychologie-Studenten – entweder von sich aus oder mindestens durch ihr Studium gelernt hätten, genau zu beobachten.

Ein bekanntes Beispiel für die tendenziöse Apperzeption ist die Geschichte von der Frühlingslandschaft mit dem blühenden Apfelbaum im Vordergrund: Zuerst kommt ein Maler vorbei, sieht das Spiel der Farben, sieht Licht und Schatten in den Zweigen und Blättern und nimmt sich vor, ein Bild von diesem Apfelbaum zu malen. Nach ihm geht ein Dichter vorbei, der die Blüten sieht, das Singen der Vögel hört und ein Gedicht machen will. Später geht einer vorüber, der die wenigen toten Zweige und verwelkten Blätter bemerkt, die den Winter überdauert hatten. Es handelte sich natürlich um einen Pessimisten. Danach betrachtet der Bauer den Baum und rechnet sich aus, welchen Ertrag an Äpfeln er dieses Jahr wohl zu erwarten hat. Dann kommt ein Holzhändler des Wegs und sieht den schönen starken Stamm des Baumes. Er rechnet sich aus, wieviel Raummeter Holz ein solcher Baum wohl bringen würde. Zum Schluß nähert sich ein Verliebter, der den Schatten des Baumes und das weiche Gras darunter bemerkt und sich vorstellt, wie schön es wäre, mit seiner Geliebten darunter zu liegen. Wenn man jeden der sechs Spaziergänger einzeln befragen würde, was er gesehen hat, so würde man niemals auf die Idee kommen, daß alle dieselbe Frühlingslandschaft mit diesem Apfelbaum betrachtet haben.

Es sei noch ein weiteres Beispiel hinzugefügt, da es für die Selbsterziehung unerläßlich ist, sich mit der tendenziösen Apperzeption auseinanderzusetzen: Zwei Männer stehen an einer belebten Kreuzung in einer größeren Stadt im Gespräch. Dieses wird plötzlich durch Lärm und ein lautes Krachen unterbrochen. Zwei Autos sind zusammengestoßen. Der Lärm wird noch größer durch die Sirenen des Polizeiautos, des Sanitätswagens, und als schließlich der ganze Spuk vorbei ist, sagt der eine zum anderen: «Dieser wahnsinnige Verkehr, diese blöde Autoraserei, das muß ja dauernd zum Unglück führen. Man braucht ja nur die Zeitung aufzuschlagen, die voll von Berichten über Verkehrsunfälle ist. So eine verrückte Menschheit!» Der andere, der direkt neben dem Betreffenden stand und das Unglück aus demselben Gesichtswinkel betrachtete, sagte: «Mein Gott, haben die ein Glück gehabt! Der eine kann noch gehen, und dem anderen scheint auch nicht allzuviel passiert zu sein. So ein Dusel!»

Beide haben genau dasselbe erlebt und beide ändern die tatsächliche Wirklichkeit, wie es ihrer persönlichen Auffassung und der entsprechend gefärbten Brille entspricht. Der erste war ein Pessimist, der zweite ein Optimist.

Es folgt jetzt die Besprechung der verbreitetsten sozialen Vorurteile.

1 *Anlage und Milieu*

Es ist ein schwer auszurottendes Vorurteil, daß der Mensch das Produkt von Anlage und Milieu sei. Natürlich spielt beides für das Werden, für den Charakter des Menschen eine große Rolle, besonders, wenn man daran denkt, daß zur Anlage die Vererbung und zum Milieu die Erziehung gehört. Diese Auffassung hat dazu geführt, daß die Frage, was wichtiger sei, Anlage oder Milieu, auch wissenschaftlich immer wieder diskutiert worden ist. Die einen, die mehr an der autokratischen Tradition hängen, betonen die Wichtigkeit des Angeborenen, während die anderen die Wichtigkeit in dem sehen, was der Mensch bei seiner Geburt vorfindet und was er erfährt und erlebt. Beides ist wichtig, aber beides kann den Menschen nicht bestimmen, wie das z. B.

beim Tier der Fall ist. Beide Faktoren sind wunderbare Möglichkeiten, sich oder die mißlungene Erziehung der Kinder zu entschuldigen.

Wir sehen einen dritten Faktor als noch wichtiger an, nämlich die freie schöpferische Kraft des Menschen. «Der Mensch kann immer auch anders.» Dies gilt sogar im Bereich der Intelligenz, also auch des Lernens. Ein schwacher Schüler hat sich entschieden, schwach zu sein. Natürlich gehen wir bei dieser Aussage vom normalen, durchschnittlich gesunden Menschen aus, dessen Intelligenz ihn ohne weiteres befähigt, das Abitur zu machen. Diese durchschnittliche Intelligenz (also ein Intelligenzquotient zwischen 95 und 105) wird dann, wenn wir gelernt haben, unsere Kinder nicht mehr so zu entmutigen, in nicht allzu ferner Zukunft schon zehnjährige Kinder dazu bringen, sich das Wissen der heutigen Abiturienten anzueignen. Selbstverständlich sind dazu andere, neue Schul- und Lernmethoden erforderlich.

Der Zweifel an dieser Behauptung geht von einem armseligen Menschenbild aus, dem Menschenbild unserer Zeit. Es wurde vor einiger Zeit eine Umfrage bei den bekanntesten Vertretern der verschiedenen psychologischen Schulen gemacht, um festzustellen, wieviel Prozent seiner Fähigkeiten der heutige Mensch im allgemeinen entwickele. Obwohl die verschiedenen Schulen sich in vielem bekämpfen, herrschte bei Beantwortung dieser Frage eine erstaunlich große Übereinstimmung. Man kam nämlich zu dem Ergebnis, daß der heutige Mensch nicht mehr als 15% seiner Fähigkeiten zu Fertigkeiten mache.

85% unserer Fähigkeiten bleiben also heute noch unentwickelt. Wahrscheinlich sind es aber noch nicht einmal 10% unserer Möglichkeiten, die wir heute entwickeln. Dies ist keine pessimistische Anschauung, sondern im Gegenteil eine optimistische. Denn sie geht von einem sehr viel reicheren Menschenbild aus. Es ist beglückend, sich vorzustellen, was wir noch alles lernen und entwickeln können, was wir noch alles vor uns haben. Unsere Intelligenz und andere Kräfte befähigen uns vermutlich zu noch ganz anderen Dingen und Leistungen, als wir es im Augenblick übersehen können. In diesem Zusammenhang ist an die heute so häufige Bewegung auf der Vertikalen und die damit verbundene Energieverschwendung zu erinnern (S. 18).

Wie reich wir wirklich sind, kann auch folgende Überlegung zeigen: Das kleine Kind fällt irgendeine Entscheidung und kann damit schon 50% aller seiner Möglichkeiten ausschalten. Bald darauf trifft es wieder eine Entscheidung, und wieder fallen 50% der verbliebenen Möglichkeiten weg. Und dies kann der Mensch tun, bis er stirbt, und hat trotzdem bis zum Schluß immer noch Möglichkeiten, sich so oder so zu entscheiden. So reich ist der Mensch wirklich. Das Menschenbild, das davon ausgeht, daß wir jede Fertigkeit von unseren Eltern oder Ahnen geerbt haben, ist doch reichlich armselig.

Die freie schöpferische Kraft schon des Kindes ermöglicht es zur Meinungsbildung. Schon das Kind bildet sich seine persönliche Meinung von den Tatsachen, und daraus entsteht der – später noch zu besprechende – Lebensstil. Im Gebrauch dieser schöpferischen Kraft ist das Kind relativ frei. Wir können das bei den heutigen Zwillingen sehen. Man hat geglaubt, daß Zwillinge immer die gleiche Situation erfahren, im Gegensatz zu anderen Kindern, durch deren Älter- oder Jüngersein von vornherein ganz andere Erziehungssituationen gegeben sind. Bei einer nicht veröffentlichten Untersuchung an eineiigen Zwillingen[1] zeigte es sich jedoch, daß auch bei eineiigen Zwillingen die Situation jeweils eine andere ist. Früher war das wichtigste Anliegen von Zwillingen, von ihrem Zwilling-sein zu profitieren, nämlich dadurch besondere Beachtung und Aufmerksamkeit zu bekommen. Dies genügt den modernen Zwillingen nicht mehr. Jeder Zwilling will aus seiner Position innerhalb der Geschwisterreihe auch noch Vorteile ziehen. So sind sich eineiige Zwillinge immer, also ohne Ausnahme, darüber klar, welcher der ältere bzw. der jüngere ist, auch wenn es sich nur um Unterschiede von Minuten handelt.

Bei dieser Untersuchung wurden Eltern gefragt, welcher ihrer Zwillinge der ältere sei. Die Mutter antwortete, daß beide gleich alt seien, da sie durch Kaiserschnitt zur Welt gekommen wären. Sie wurde leicht ärgerlich, als ich ihr erklärte, daß ihre Zwillinge genau wissen, welcher der ältere ist, was dann auch wirklich der Fall war. Alle Zwillinge haben unter sich ein – wenn auch unbewußtes – Übereinkommen darüber getroffen. Wir können die Erziehungssituation der heutigen Zwillinge nicht mehr als dieselbe für jeden einzeln ansehen, weil sie sich in die Familienkonstellation einordnen. Wenn also in eine Familie, wo schon ein Kind vorhanden ist, Zwillinge geboren werden, dann ist der ältere Zwilling das zweite Kind dieser Familie, während der jüngere das jüngste ist. Der ältere Zwilling ist in diesem Fall das mittlere Kind von dreien. Welche Bedeutung dies für die Entwicklung des einzelnen

1 Erik Blumenthal, «Die Bedeutung des Altersunterschiedes von Zwillingen» (Diplomarbeit am Psychologischen Seminar des Instituts für Angewandte Psychologie in Zürich).

hat, werden wir im Kapitel über die Familienkonstellation sehen. Moderne Zwillinge sind genauso Konkurrenten, wie dies bei den anderen Kindern
der Fall ist.

Von den drei Faktoren – Anlage, Milieu und
schöpferische Kraft – betrachten wir die letztere
als den wichtigsten. An zweiter Stelle kommt das
Milieu, zu der die Erziehung gehört, und erst an
dritter Stelle Anlage und Vererbung. Wie gern die
letztere als Entschuldigung benutzt wird, hören wir
von den Eltern, die zur Beratung kommen und schon
gleich zu Beginn ihrer Ausführungen feststellen, daß
die Schwierigkeit des betreffenden Kindes schon
von Geburt an festgestellt werden konnte und daß
auch die Großmutter das schon so gehabt hätte. Was
diese Eltern nicht wissen, ist, daß sie sich auf diese
Weise Entschuldigungen für ihr Versagen in der
Erziehung schaffen, weil sie zu wenig an sich selbst
und an ihr Kind glauben.

2 *Selbsterhaltung und Arterhaltung*

Die allgemeine Ansicht ist, daß der Mensch von
zwei Trieben bestimmt wird, nämlich von dem
Trieb der Selbsterhaltung und dem der Arterhaltung.
Unter der Selbsterhaltung versteht man auch den
sogenannten «Aggressionstrieb», unter der Arterhaltung den «Sexualtrieb». Auch diese Ansicht
müssen wir als Vorurteil bezeichnen. Das Tier wird
wohl von diesen beiden Trieben bestimmt. Man
müßte aber annehmen, daß beim Menschen, der sich
doch auf einer höheren Stufe befindet, etwas Neues
hinzukommt.

Wie dies schon oben ausgeführt wurde, sehen wir

in diesen beiden Bedürfnissen des Menschen keine Triebe, sondern Ziele. Das Ziel ist, daß der Mensch am Leben bleibt und daß er seine Art erhält.

Ein drittes Bedürfnis aber sehen wir als das wesentliche an, nämlich das schon besprochene Bedürfnis, sich zugehörig zu fühlen. Dieses soziale Moment, nämlich nicht isoliert zu sein, nicht allein zu sein, sondern zu wissen, wohin man gehört und wo man seinen Platz hat, ist wichtiger als die Erhaltung des Selbst und der Art. Wir können das zum Beispiel an Selbstmördern sehen, die auf den sogenannten «Selbsterhaltungstrieb» verzichten, weil sie sich nicht zugehörig fühlen und deshalb verzweifelt sind. Wenigstens durch den freiwilligen Tod hoffen sie, Beachtung zu finden.

3 «Tatsachen»

Die Überschätzung der sogenannten Tatsachen nennen wir Faktophilie. In Wirklichkeit sind die Tatsachen nicht so wichtig wie das, was wir daraus machen. Weiter oben war die Rede von der tendenziösen Apperzeption und entsprechenden Beispielen, um zu zeigen, daß sich jeder aus einer Tatsache seine Meinung bildet, die zu seiner Lebensauffassung paßt. Es sei hier noch ein einfaches Beispiel angefügt:

Ein erstgeborenes Kind war – nehmen wir an – zwei, drei Jahre ein Einzelkind und hatte die Aufmerksamkeit und Liebe der Mutter ganz für sich allein. Plötzlich kommt ein kleines Geschwisterchen. Das Erstgeborene beobachtet jetzt, daß die Mutter für es nicht mehr soviel Zeit hat wie früher, weil sie sich mehr um das Neugeborene kümmern muß.

Diese Beobachtung ist richtig, aber die Meinung, die sich das erstgeborene Kind hierauf bildet, ist eine ganz persönliche. Als ob es zu sich selbst sagen würde: »Wenn die Mutter für mich nicht mehr soviel Zeit wie früher hat, dann hat sie mich nicht mehr so lieb, bzw. sie hat das kleine Geschwisterchen lieber als mich.« Dabei spielt es keine Rolle, ob oder wie lieb die Mutter das Erstgeborene wirklich hat, sondern es wird nach der Meinung handeln und leben, daß die Mutter das Neugeborene bevorzuge.

Wir sehen aus diesem und den vorhergehenden Beispielen, daß die Suche nach den Tatsachen oft zu einem falschen Ergebnis führen kann. Worauf es ankommt, ist, zu verstehen, was in den Menschen vorgeht, wenn sie eine bestimmte Tatsache im Auge haben.

4 *Willenskraft und Willensschwäche*

Dieses Vorurteil von der Willenskraft bzw. der Willensschwäche ist weit verbreitet. Denn es ist wirklich nicht schwer, sich damit zu entschuldigen. Mißlingt die Lösung irgendeiner Aufgabe, dann hat man eben nicht genügend Energie gehabt bzw. die Willenskraft hat nicht ausgereicht. Das klingt immer noch besser, als wenn man zugeben muß, daß man – schlicht gesagt – versagt hat!

Ob der Wille übrigens auf der menschlichen Ebene überhaupt besteht, ist eine zweite Frage, die jetzt nicht diskutiert werden soll. In Büchern über Psychologie werden immer noch die klassischen vier menschlichen Funktionen erwähnt: Denken, Fühlen, Wollen und Handeln. Fühlen ist aber sehr wahrscheinlich eine Funktion schon auf der Tierstufe, während die Funktion des Wollens auf der menschlichen Stufe heute mit Recht angezweifelt wird. Doch lassen wir dies dahingestellt und benützen statt des Wortes «Wollen» lieber den Begriff «Entscheidungen treffen».

Wie oft wird noch das Sprichwort «Wo ein Wille ist, da ist ein Weg» verwendet. Es ist natürlich unsinnig anzunehmen, daß alles erreicht werden könnte, wenn nur genügend Wille vorhanden wäre. Denn die Schlußfolgerung aus diesem Satz ist im Falle des Versagens, man habe eben nicht genug Willenskraft gehabt. Diese Schlußfolgerung sollte aber nicht mehr ernstgenommen werden.

Ein typisches Beispiel: Wenn ich eine Zigarette angeboten bekomme und erwidere, daß ich ein eifriger Nichtraucher sei, lautet die stereotype Antwort: «Ach, Sie Glücklicher!» Was der Betreffende wirklich sagen will, ist, daß er sozusagen das Opfer des Rauchens geworden sei. Er glaubt damit einfach nicht fertig werden zu können, selbst wenn er weiß, daß es aus gesundheitlichen Gründen besser für ihn wäre, mit dem Rauchen aufzuhören.

Das Vorurteil besteht in der Annahme, jeder Mensch hätte einen bestimmten Betrag an Willenskraft, der eine mehr, der andere weniger. Zu meinen, daß der eine mehr Antriebskräfte besäße als ein anderer, ist Besitzpsychologie. Uns interessiert viel mehr, was einer aus dem, was er hat, macht. Solange wir nämlich auf die Eigenschaften schielen, die wir besitzen, ist es leicht, Entschuldigungen zu finden: man hat eben nicht genug davon.

Wir sagen dagegen, es kommt nicht darauf an, wieviel Energie einer hat, sondern nur darauf, daß er das als richtig Erkannte durchführt. In dem Augenblick, wo er dies tut, wo er Schritte unternimmt, stellt sich die nötige Energie von selbst ein. Solange man darauf schielt, ob man genug Energie hat und ob die Willenskraft ausreicht, trägt man durch diesen Zweifel ungewollt zum Mißlingen bei. Kümmere ich mich aber gar nicht darum, ob ich genügend Willenskraft habe oder nicht, sondern tue ich das Notwendige, dann ist das Gelingen sehr viel wahrscheinlicher. Früher haben wir schon festgestellt, daß die durchschnittliche Intelligenz ausreicht, die Lebensaufgaben besser zu bestehen, als man im allgemeinen glaubt. Ebenso genügt die Willenskraft, die wir von der Natur mitbekommen, zur normalen Lösung unserer Lebensaufgaben. Selbstverständlich können die Umstände einmal extrem ungünstig sein, doch ist das viel seltener der Fall, als man im allgemeinen annimmt.

Dem Raucher, der entgegnete, «Sie Glücklicher», kommt es somit in Wirklichkeit nur darauf an zu zeigen, daß er nicht genügend Willenskraft hat. Denn diese Auffassung kann ihm immer wunderbar zustatten kommen. Er hat dann von vornherein eine anerkannte Ausrede parat, falls er sie für notwendig erachtet.

Wenn einer mit Rauchen aufhört und dies einige Tage durchgehalten hat, brüstet er sich überall in seinem Bekanntenkreis, was er für eine Willenskraft hat, die ihn dazu gebracht hat, schon seit 14 Tagen nicht mehr zu rauchen. Wenn er sich so verhält, ist es wahrscheinlich, daß er nach einiger Zeit wieder mit Rauchen anfängt. Denn mit der Zeit macht er auf seine Bekannten keinen großen Eindruck mehr und fängt im Glauben an seine mangelnde Willenskraft wieder mit dem Rauchen an.

Bekannt ist das Beispiel von Fritz Künkel, der die

Geschichte von dem Mann erzählt, der im Schwimmbad aufs große Sprungbrett steigt, einen Anlauf nimmt und im letzten Moment abbremst, also nicht ins Wasser springt. Er geht zurück, nimmt wieder einen Anlauf und stoppt wieder im letzten Moment. Schließlich, beim dritten Anlauf, schafft er es und springt ins Wasser. Wenn dieser Mann wirklich ins Wasser springen wollte, warum hat er es nicht gleich beim erstenmal getan? Und wenn er nicht ins Wasser springen wollte, warum hat er es dann beim drittenmal getan?

Künkel fand heraus, daß dieser Mann nichts andres tat, als seine Willenskraft zu testen. Wenn er es nämlich endlich beim drittenmal geschafft hat, dann geht er mit stolzgeschwellter Brust heim und erzählt, wie er sich heute selbst überwunden hat.

Die Methode ist also ganz einfach: Man baut sich selbst ein Hindernis auf, vor dem man zweimal versagt, und beim drittenmal überwindet man es und kann damit zeigen, wieviel Willenskraft dazu gehört.

Noch ein anderes Beispiel: Wir brauchen nur an die üblichen Wildwestfilme zu denken, wo der Held zuerst Prügel kriegt und zum Schluß Sieger bleibt. Wenn er von Anfang an der Sieger wäre, das wäre doch gar nicht so spannend und überzeugend. Erst dadurch, daß man etwas aufbaut, mit dem man dann fertig wird, indem man es einreißt, zeigt man, was für ein Held man ist. Man hat also zwei Vorteile: Man kommt sich nicht nur als Held vor, sondern hat auch jederzeit eine Entschuldigungsmöglichkeit, wenn die Willenskraft einmal nicht ausreicht.

Zusammengefaßt: Worauf es ankommt, ist, das Nötige zu tun, nämlich das, was sachlich die Situation erfordert. Dann stellt sich die Willenskraft ein. Aber in dem Augenblick, wo wir darauf schielen, ob wir genug Energie haben, dann ist es sehr leicht möglich, daß sie nicht mehr ausreicht. Deshalb gehen wir vom Positiven aus und brauchen diese Zweifel und diese Angst, ob's reichen könnte, nicht mehr zu entwickeln.

5 *Die Fehlerbezogenheit*

In unserer gegenwärtigen Gesellschaft gehen wir meistens vom Fehler aus. Man meint immer noch, daß man durch Fehler am besten lernen könnte. Hier ein kleines Beispiel für die individualpsychologische Ansicht: Angenommen, ein Junge hat 12 Fehler in einem Diktat, so streicht der Lehrer nicht nur die Fehler an, sondern schreibt dick darunter «12 Fehler» und die Note. In dem Schüler geht jetzt – unbewußt – folgendes vor: Er sagt sich: «12 Fehler in diesem kleinen Stück – ich werde es nie lernen!» Er läßt sich also angesichts seiner Fehler entmutigen.
Wir würden anders vorgehen: Angenommen, das Diktat hätte 100 Wörter, dann würden wir die 12 Fehler auch anstreichen, aber darunterschreiben: «88 Richtige». Jetzt geht im Kind etwas ganz anderes vor. Es sagt sich etwa: «Von 100 Wörtern habe ich 88 richtig, das ist doch ein hoher Prozentsatz, das ist doch nicht schlecht.» Es wird also nicht entmutigt, sondern sagt sich: «Warum soll ich nächstesmal nicht 89 oder gar 90 richtige schreiben?» Wie oft glauben wir auch in diesem Fall, daß wir unserem gesunden Menschenverstand folgen, wenn wir von den Fehlern ausgehen, und merken nicht, wie sehr

wir durch die Fehlerbezogenheit einander entmutigen.

Wir können nicht auf Fehlern, also auf dem Negativen, aufbauen. Wenn wir selbst Fehler machen, sollen wir uns nicht so behandeln, wie ein schlechter Lehrer seine Schüler behandelt, sondern sollen uns klarmachen, daß: «Mensch sein heißt Fehler machen». Selbstverständlich mache ich Fehler, aber sie werden nicht besser, wenn ich dabei verweile.

Natürlich muß ich feststellen, daß ich einen Fehler gemacht habe, aber damit ist der Fall erledigt und gehört der Vergangenheit an. Der Fehler interessiert mich nicht mehr, sondern ich weiß: Das nächste Mal werde ich's ein bißchen besser machen. Was es auch ist, wir sollten nie vom Fehler ausgehen, weder bei uns selbst noch bei anderen.

6 *Das Gut-sein-Wollen*

Dieses Vorurteil ist eng mit dem vorhergehenden verknüpft. Gut-sein-Wollen ist kein positives Fernziel. Meistens genügt es einem nicht, des Gutseins zuliebe gut sein zu wollen, sondern man will besser als ein anderer sein. Auf diese Weise kommt das Negative herein. Man vergleicht sich mit einem anderen, stellt fest, daß irgend etwas nicht so gut klappt und will den anderen übertrumpfen. Dieses so oft als positiv angesehene Gut-sein-Wollen führt zum Gegenteil dessen, was man erreichen will. Nur, wenn es uns nicht mehr interessiert, wie gut oder wie schlecht wir sind, können wir tatsächlich besser werden, wie dies oben schon geschildert worden ist.

Wenn einer seine Muskeln spielen läßt, um gewissen Leuten zu imponieren, braucht er Energie, die aber vom Nützlichkeitsstandpunkt her verschwendet wird, weil er nichts Positives damit erreicht, nämlich keine Arbeit leistet. Er selbst hat aber das Gefühl der Anstrengung. Er läßt sozusagen entgegengesetzte Muskelgruppen mit sich kämpfen.

Noch deutlicher wird der innere Kampf, der Kampf mit sich selbst, wenn wir an einen Stotterer denken. Er bemüht sich mit aller bewußten Kraft ein Wort herauszubringen, mit dem unbewußten «Willen» aber arbeitet er dagegen.

Ein anderes Beispiel: Jemand kann keinen Schlaf finden. Er gibt sich aber Mühe einzuschlafen und kämpft mit sich selbst. Man könnte sagen, daß der bewußte Wille mit dem unbewußten Willen kämpft, der nun aus irgendeinem Grunde, meist, um ein bestimmtes Ziel zu erreichen, nicht einschlafen will. Das Ergebnis eines solchen inneren Kampfes ist meistens der Mißerfolg, die Energieverschwendung. Der Betreffende gleicht einem Autofahrer, der zu gleicher Zeit auf die Bremse und das Gaspedal tritt. Bei den Maschinen, die der Mensch für sich ersinnt, vermeidet er diesen Fehler, den er aber im Umgang mit sich selbst macht, wenn er darauf schaut, wie gut oder wie schlecht er ist, d. h. wenn er gut sein will.

Solange es uns wichtig ist, gut zu sein, handeln wir ichhaft, was nicht recht sein kann. Wenn ich mir dagegen sage, daß, was immer es auch sein mag, ich mein Bestes gebe, gleichgültig, was dabei herauskommt; wenn ich dieses Vertrauen zu mir selbst habe, diesen Glauben an mich selbst, dann kann ich tatsächlich Besseres leisten, als wenn ich mich noch so sehr in der falschen Richtung bemühe.

Das soeben kurz erwähnte Beispiel dessen, der im Bett liegt und nicht einschlafen kann, soll noch etwas

ausführlicher behandelt werden, da es zu den häufig-
sten neurotischen Fehlhaltungen gehört. Die Ein-
schlafschwierigkeiten fangen dann an, wenn man
sich sagt: «So, jetzt ist es reichlich spät, nun bist du
schon lange genug wach, jetzt mußt du einschlafen,
denn morgen hast du das und das zu leisten. Du
mußt morgen ausgeruht sein.» In diesem Augenblick
fängt der Kampf – sinnbildlich gesprochen –
zwischen dem inneren, also unbewußten Willen und
dem äußeren, dem verstandesmäßigen, an. Jetzt
hängt es davon ab, welcher «Wille» stärker ist.
Ein anderes typisches Beispiel ist der Ärger. Ich will
mich nicht ärgern. Sobald ich mich aber doch wieder
ärgere, fange ich an, mich über meinen Ärger zu
ärgern. Dadurch wird alles nur schlimmer. Wie
wir später noch sehen werden, kommt es darauf an,
das Ziel des Ärgers oder des Nicht-Einschlafens
zu erkennen. Wenn das Ziel erkannt ist, läßt der
Ärger ganz von selbst nach, ebenso wie die Schlaflosigkeit.
Zu erkennen, daß Gut-sein-Wollen nicht das Richtige ist, scheint gar nicht so einfach, wo man als
Christ doch gelernt hat, den Nächsten zu lieben, und
das heißt doch, gut zu sein. Das stimmt, doch kommt
es in diesem Fall darauf an, das Gutsein nicht nur
als Ziel vor sich zu haben, sondern auch zu erreichen. Christus hat uns das Wesentliche dazu schon
vor 2000 Jahren in der Bergpredigt gesagt. Wer
aber kann von sich behaupten, nach der Bergpredigt
zu leben? Die Methoden, die die Menschen bis
jetzt entwickelt haben, um das Gute zu erreichen,
können leider nicht zu diesem Ziel führen.
Unsere Empfehlung besteht deshalb darin, sich zu
akzeptieren, wie man ist. Ich gehe davon aus, daß ich
im Augenblick gut genug bin, und tue, was ich kann.

Ob es tatsächlich gut genug ist, interessiert im Augenblick nicht so sehr. Denn wenn ich meine Kräfte sachlich auf das zu erreichende Ziel richte und nicht mit mir kämpfe, werde ich besser und eher in der Lage sein zu lieben. Wir gehen davon aus, was wir wirklich tun und erreichen können, um dem ersehnten Ziel – wenn auch in kleinen Schritten – näher zu kommen.

Daß wir es sind, die uns durch den inneren Kampf selbst daran hindern, gut zu werden, können wir durch die sogenannte «paradoxe Intention» zeigen.

Ein Stotterer kommt zur Behandlung und berichtet, daß er immer in Gegenwart von Vorgesetzten stottert. Es wird ihm klargemacht, daß er in diesen Augenblicken mit sich selbst kämpft. Er soll das nächste Mal, wenn er mit einem Vorgesetzten zusammen ist, sich vornehmen, ganz besonders stark zu stottern, so stark, wie er es noch nie zuvor gemacht hat. Meistens bringt er es in diesem Augenblick nicht fertig. Denn da er gewohnt ist, mit sich zu kämpfen, wird er nach seinem Befehl «Jetzt muß ich aber stottern, was das Stottern herhält» kaum stottern können. Nebenbei bemerkt, ist das keine Heilmethode, aber ein gutes Mittel, dem Betreffenden zu zeigen, wie er selbst ein solches Symptom hervorruft oder vermeidet.

Ähnlich ist es mit dem Einschlafen. Wenn ich mir sage, es ist doch gar nicht so wichtig, ob ich jetzt einschlafe oder nicht, im Gegenteil, es ist doch einmal ganz schön, auch nicht zu schlafen, weil ich mir dann verschiedene Sachen überlegen kann, wozu ich vorher keine Zeit fand, werde ich plötzlich «weg» sein.

Worauf es ankommt, ist die Überwindung. Überwinden heißt weder Kompensieren noch Überkompensieren, weder sich beherrschen noch seine Gefühle kontrollieren. Ich kann mich in dem Augenblick überwinden, wo ich das als störend Empfundene akzeptiere, nicht weiter beachte, sondern das tue, was der Augenblick sachlich erfordert. Ob ich jetzt gleich einschlafe oder nicht, ob ich gerade rauche oder nicht, was immer es sein mag, es ist nie so wichtig, daß ich mit mir kämpfen muß. Wenn ich diese Haltung einnehme, dann kann ich die Dinge und mich selbst überwinden.

7 Entweder streiten oder nachgeben

Zum Streit kommt es unter den Menschen dann, wenn jemand recht behalten will. Da man aber nicht allein streiten kann, muß mindestens ein zweiter hinzukommen, der den Streit mitmacht. Jede Art von Streit ist aber unsinnig, denn wir können mit Streit nie etwas anderes erreichen als wieder Streit. Deshalb ist unsere Methode bei der Kindererziehung so wichtig, uns dem Streit mit den Kindern zu entziehen. Auf lange Sicht ziehen wir doch den kürzeren. Auch mit sich selbst zu streiten ist nicht die richtige Methode. Etwas anderes als entweder streiten oder nachgeben kennen die meisten aber nicht.

Auch das Nachgeben ist falsch. Wenn ich mit jemandem streite, verletze ich seine Würde. Gebe ich nach, verletze ich meine eigene Würde. Es gibt aber eine dritte Möglichkeit, nämlich den anderen zu verstehen suchen. Angenommen, ich habe Streit mit meiner Frau, und sie behauptet irgend etwas, von dem ich sicher weiß, daß es nicht stimmt. Das Übliche ist, daß ich jetzt recht behalten und ihr beweisen will, daß sie im Unrecht ist. Besser wäre es, mir zu sagen, daß die Meinung meiner Frau wohl nicht stimmt, aber irgendein Körnchen Wahrheit darin stecken muß. Schließlich kenne ich sie schon so lange und weiß, daß sie kein Dummkopf ist. Dieses Körnchen Wahrheit muß ich herauszubekommen suchen. Ich muß also sie zuerst verstehen wollen und nicht gleich dagegen reden. Und wenn ich mich bemühe, meine Frau zu verstehen, dann wird sie das merken und selbst eher bereit sein, auch mich verstehen zu wollen.

In dem Augenblick, wo man sich gegenseitig zu verstehen sucht, kann man sich auf einer höheren Ebene zu einer gewissen Synthese finden. Das heißt aber nicht, daß meine Frau und ich der gleichen Meinung sein müssen, sondern ich toleriere und akzeptiere ihre Meinung, wie sie auch meine akzeptiert. Als zwei Individuen haben wir das Recht auf verschiedene Meinungen. Hauptsache, daß wir in unserer gegenseitigen Achtung und Liebe übereinstimmen. Mit anderen Worten, wir brauchen nicht zu streiten.

Es ist oft die Rede vom Aggressionstrieb als zum Menschen gehörend. Dem braucht man aber nicht ohne weiteres zuzustimmen, denn es ist nur eine Art Glaube. Im seelischen Bereich des Menschen kann man durchaus das Vorhandensein von Trieben ablehnen.

Natürlich gibt es Triebe. Diese hängen aber mit dem körperlichen Zustand des Menschen zusammen. Der Mensch ist nicht nur Körper-, sondern auch ein Seele-Geist-Wesen. Das heißt, daß höhere Kategorien vorhanden sind. Auf der höheren Stufe sind die Triebe als solche nicht mehr zu finden, sondern es ist die Entscheidung des einzelnen, ob er sie als Ziele weiterwirken lassen will oder nicht.

Dieser Auffassung stehen die Ergebnisse der Verhaltensforschung entgegen. Wir lehnen die Verhaltensforschung nicht ab. Wir haben aber kein Verständnis dafür, wenn sie sich Übergriffe erlaubt, nämlich von der tierischen Stufe auf die menschliche schließt. Auf der menschlichen Stufe gelten neue Gesetze (s. S. 21). Selbstverständlich sind wir mit unserem Körper von der tierischen Stufe abhängig, aber wir brauchen uns von den Gesetzen dieser Stufe nicht bestimmen zu lassen. Der Mensch kann dank seiner Seele und seines Geistes immer auch anders. Natürlich empfängt er, da er eine Ganzheit ist, auch vom Körperlichen her Reize. Er ist das einzige Lebewesen, das seine Stufe sowohl nach unten als auch nach oben überschreiten kann. Ein Mann, der sich sinnlos betrinkt, verzichtet in diesem Augenblick auf typisch menschliche Fähigkeiten, wie zum Beispiel das Denken. Dasselbe ist bei den Drogen der Fall. Statt auf der klaren, bewußten Ebene des Denkens zu leben, begibt man sich in diesem Augenblick auf die Stufe des Tieres und verzichtet auf sein Bewußtsein.

Der Mensch kann auf verschiedenen Stufen leben. Er kann sich auch auf der geistigen Stufe bewegen und das Materielle als etwas Zweitrangiges betrachten. Das Stufendenken widerspricht nicht dem Begriff der Ganzheit. Aus Beobachtungen von Tieren können wir nicht einfach folgern, daß es beim Menschen auch so sei. Auf der menschlichen Stufe kommt etwas Neues hinzu.

Wenn jemand etwas Schlechtes getan hat, so können wir seine Tat natürlich nicht gutheißen, sondern lehnen sie ab. Den Täter aber, meinen Mitmenschen, mein Mitgeschöpf, meinen Bruder, muß ich akzeptieren und genauso lieben wie vor seiner schlechten Tat. Erst, wenn ich mir zur Gewohnheit gemacht habe, einen Unterschied zwischen dem Menschen und seinem schlechten Verhalten zu machen, also Tat und Täter nicht gleichzusetzen, kann ich die sogenannte christliche Nächstenliebe auch wirklich ausüben. Dann liebe ich den Menschen, gleichgültig was er getan hat.

Dieses Vorurteil der Gleichsetzung des Täters mit seiner Tat spielt in der heutigen Kindererziehung leider eine große Rolle. Kinder fühlen sich durch unseren Tadel, durch unsere Kritik, als Person abgelehnt, was eine außerordentliche starke Entmutigung für das Kind bedeutet. Wir sollen deshalb das schlechte Verhalten des Kindes wohl ablehnen, aber nicht in einer Weise, daß sich das Kind selbst abgelehnt fühlt. Wenn ich mich entscheide, meinen Mitmenschen zu lieben, dann kann mich sein falsches Verhalten nicht davon abhalten.

Das Ziel, der Wert, der mir sagt, daß die Liebe zum Mitmenschen notwendig ist, kommt von der Religion her. Es ist aber nicht nur das Christentum, sondern jede andere Hochreligion, ob es sich um Buddhisten, Hindus, Mohammedaner, Bahá'is oder andere handelt, die die Liebe zum Nächsten lehrt. Hat jemand seinen Glauben an Gott verloren, so kann an dessen Stelle das Gemeinschaftsgefühl der Individualpsychologie treten. Auf diesen Begriff und die Logik des menschlichen Zusammenlebens werden wir noch zu sprechen kommen.

Übereinstimmung von Wort und Tat ist meist die Ausnahme. Man kann auch sagen, das Unrecht in der Welt besteht nur deshalb, weil die Menschen von Idealen nur reden und sie nicht in die Tat umsetzen. Chesterton hat es so ausgedrückt: «Die Idee, die nicht Wort zu werden versucht, ist eine schlechte Idee, und das Wort, das nicht Tat zu werden sucht, ist ein schlechtes Wort.»

Einen Unterschied zwischen Wort und Tat machen heißt, zwei verschiedene Maßstäbe anlegen. Ich beurteile zum Beispiel andere Menschen nach ihrem Tun, nach ihren Handlungen, nach ihrem Verhalten, mich selbst aber nach meinen Gefühlen, Gedanken und Meinungen. Durch das zweierlei Maß habe ich es leicht, mir vorzumachen, daß ich besser bin als andere oder mindestens gar kein so schlechter Kerl bin.

Auch bei Mann und Frau wird noch meist ein verschiedener Maßstab angelegt, um die zwar nur scheinbare, aber immer noch allgemein für wahr gehaltene Unterlegenheit der Frau zu beweisen. Man braucht nur gewisse Eigenschaften und Fähigkeiten entweder als «typisch männlich» oder «typisch weiblich» zu bezeichnen.

Allgemein verbreitet sind die verschiedenen Maßstäbe für Erwachsene einerseits und für Kinder und Jugendliche andererseits. Natürlich sind die Erwachsenen den Jüngeren überlegen, was die körperliche Entwicklung, Fertigkeiten, Wissen und Erfahrung angeht, aber man hört kaum etwas davon, daß es Gebiete gibt, wo die Kinder den Erwachsenen eindeutig überlegen sind: Während die Erwachsenen gelernt haben, eine Rolle zu spielen und eine Maske zu tragen, sind die Kinder viel offener, verbergen noch nicht soviel und rationalisieren kaum. Kinder können deshalb viel besser ihre Absichten und Einstellungen ausdrücken. Sie knüpfen mit Leichtigkeit persönliche Beziehungen und haben ein wunderbares Gespür für Echtheit und die Kräfte unter der Oberfläche. Kinder sind ausgezeichnete Beobachter und Entdecker und haben Phantasie, die den Erwachsenen meist abgeht. Sie zeichnen sich deshalb besonders durch ihre Lebendigkeit und ihr Schöpferisch-sein aus. Nebenbei bemerkt, zeigt auch dieses Beispiel wieder, wie unsinnig es ist, die Menschen miteinander zu vergleichen.

Oder denken wir an die Verschiedenheit der Rassen. In Deutschland haben wir das Überlegen-sein-Wollen der sogenannten «arischen» Rasse erlebt. Es gibt wohl kaum ein Land der Welt, wo es keine Rassenvorurteile gibt. Ein kleines Beispiel: In Japan existiert eine kleine Gruppe von Menschen, die allen Ernstes glauben, daß die Japaner die Herrenrasse sind. Die Tatsache, daß die Japaner eine außerordentlich geringe Körperbehaarung aufweisen, nehmen sie als Beweis, daß sie vom Urahnen, dem Affen, sich schon weiter fortentwickelt hätten als die anderen Menschen. Man sieht also, was man sich vormachen kann, solange es dem eigenen Vorteil zu dienen scheint. Es ist nichts dumm genug, solange es dazu helfen kann, sich das Gefühl der Überlegenheit zu erschleichen.

Wie kann man es nun erreichen, daß unsere Worte mit unseren Taten übereinstimmen? Alexander Müller sagte einmal, daß es geradezu das Hauptsymptom unserer Verwöhntheit und Mutlosigkeit sei, daß wir statt Leistungen Worte bieten. Es sind Worte der Entschuldigung, was uns alles noch fehlt, was wir alles noch nicht haben, um uns richtig bemühen zu können.

Es erscheint nötig, hier kurz auf den sogenannten Dualismus einzugehen. Dualismus ist ein typisches Vorurteil unserer Zeit. Es bedeutet Zweiheit, Zweiförmigkeit, Zweiheitslehre, die Lehre von zwei nicht voneinander herzuleitenden Prinzipien, wie Einheit und Vielfalt, Geist und Stoff, Gut und Böse, Leib und Seele usw. In der Religion werden zwei Mächte angenommen, wie Gott und Teufel, Licht und Finsternis, weiblich und männlich. An der Wurzel aller unserer Konflikte liegt dieses Vorurteil des Dualismus, die Annahme von zwei grundsätzlich entgegengesetzten Kräften.

Der bekannte Satz aus dem Neuen Testament «Der Geist ist willig, aber das Fleisch ist schwach» wird fast immer dann angewandt, wenn man eine eigene Schwäche entschuldigen will. Tatsächlich aber sagt er aus, daß der Geist stärker als das Fleisch ist. Solange wir Gefühl und Verstand, Vernunft und irrationale Kräfte, Über-Ich und Es, Recht und Unrecht, Erfolg und Versagen, Sollen und Können usw. als duale Gegensätze ansehen, können wir den inneren Frieden nicht erlangen. Denn wir huldigen damit dem Aberglauben «Zwei Seelen wohnen, ach! in meiner Brust» und glauben an ein schlechtes Ich. Wir entwickeln Schuldgefühle, wenn wir etwas Falsches getan haben, und wir sind stolz, wenn wir das Rechte tun.

Was wir jetzt lernen können, ist die Erkenntnis, daß diese dualistischen Auffassungen der Vergangenheit angehören. Tatsächlich ist und bleibt der Mensch eine Einheit, etwas Ganzes und hat die ganzheitliche Möglichkeit, das Notwendige zu tun. Wir können die linke Hand genauso benützen wie die rechte

Hand, unsere Glaubenskräfte ebenso wie die Verstandes- und Gefühlskräfte, die alle nur verschiedene Seiten des einen und desselben menschlichen Wesens und keine Gegensätze sind. Man spricht deshalb heute von Polarität, aber nicht mehr vom Dualismus (Dreikurs).

Die Einheit von Wort und Tat ist auch in unserer Erziehung unabdinglich, wenn wir echter, wahrhafter und glaubwürdiger werden wollen. Es mag keine sehr populäre Forderung sein, wir müssen uns aber ändern, wenn wir dies erreichen wollen. Wir müssen die Erkenntnisse, die bis jetzt besprochen wurden, auch auf uns selbst anwenden, ohne zu zweifeln, ob wir genug Energie haben oder ob es sich lohnt. Nur dann kann Übereinstimmung zwischen Wort und Tat erzielt werden, wenn wir nicht nur Worte, sondern auch Leistungen bieten.

10 Materialismus, Intellektualismus, Geltungsbedürfnis, Ichhaftigkeit

Es handelt sich um eine ganze Gruppe von Vorurteilen, die gerade in unserer Zeit eine ungeheure Rolle spielen. Sie alle benützen wir, um uns von unseren Mitmenschen zu unterscheiden. Früher war es die adelige, die vornehme Geburt, die den Menschen zu einem besseren Menschen machte, der mehr wert war als die anderen. Heute wird die Abstammung schon weniger wichtig genommen, obwohl immer wieder zu beobachten ist, daß der Adelstitel seinen Eindruck auf den modernen Menschen mit seiner typischen Sklavengesinnung nicht verfehlt.

Maßgebender ist der Geldadel geworden, die Geldaristokratie, das Bankkonto. Steht jemandem viel

Geld zur Verfügung, so zeigt er dies meist in seiner stolzgeschwellten Haltung, in seinem Auftreten, während ein Habenichts diesen Umstand oft in seiner geduckten Haltung ausdrückt, wenn er nicht durch Angeberei überkompensiert.

Steht der Materialismus auf der niedrigen körperlichen Stufe, so befindet sich der Intellektualismus wohl eine Stufe darüber, ist aber mindestens ebenso verderblich. Intellektualismus bedeutet die übermäßige Betonung der Intelligenz und des Verstandes. Man kann einer Mutter kein größeres Kompliment machen, als wenn man die Intelligenz ihrer Kinder betont. Und nichts Schlimmeres kann ihr geschehen als der Zweifel an der Intelligenz ihrer Kinder. Die Intelligenz ist aber nur eine Seite des Menschen, die allerdings unglaublich überschätzt wird. Was wir darunter zu leiden haben, ist die Erschwerung der Hinwendung zu echter Geistigkeit, zum Geistigen.

Weitere Vorurteile im Bunde sind Geltungsbedürfnis und Ichhaftigkeit, die theoretisch wohl allgemein als unrichtig angesehen werden. Wie alt diese Erkenntnis ist, möge eine kleine Geschichte von Tschuangtse zeigen: Zu einem chinesischen Kaiser kam einst ein Holzschnitzer, der ein Glockengestell geschnitzt hatte, das über alle Maßen schön war und alle Welt in Staunen versetzte. «Wie kommt es nur?», fragte der Kaiser, «Du bist doch nur ein einfacher Holzschnitzer, wie konntest Du solch ein Wunderwerk zustandebringen?» «Ich weiß es nicht», sagte der Handwerker. «Aber als ich mir vornahm, das Gestell zu schnitzen, nahm ich mich fest in mein Herz und schloß mich 3 Tage darin ein. Am ersten Tag vergaß ich den Ruhm, den ich damit erwerben wollte. Am zweiten Tag vergaß ich das Geld, das ich damit verdienen konnte. Am dritten Tag aber vergaß ich mich selbst. Als ich dann in den Wald ging, fand ich das Holz zum Gestell, die Form stand mir vor Augen, und ich mußte sie nur noch aus dem Holze befreien. So schuf ich das Glockengestell.»

«Das, was Du sagst», erwiderte der Kaiser, «klingt im Grunde recht einfach und ist doch wiederum ein ganz großes Wunder!»

Diese Geschichte ist zweieinhalbtausend Jahre alt, und immer noch hängen wir an diesen Vorurteilen. Den Weg von der Ichhaftigkeit zur Geistigkeit nennen wir Vergeistigung. Vergeistigung bedeutet Loslösung von Vorurteilen und Unterordnung des gesamten Lebens unter Erkenntnis, Liebe und Glauben.

Ichhafte Menschen mißtrauen ihren Gefühlen, ihrem Körper, sich selbst, ihren Fähigkeiten, der Natur, dem Leben, dem Erfolg und den anderen. Sie wollen frei sein, unabhängig, frei von allem, fürchten aber die mit der Freiheit verbundene Verantwortung und machen sich, ohne es selbst zu merken, von allem und allen abhängig: von der Wissenschaft, der Medizin, der Psychologie, vom Staat, von der Meinung anderer usw.

Je ichhafter jemand ist, desto unglücklicher fühlt er sich zutiefst und sucht seine Zuflucht im Genuß und im Rausch, sei es durch Nikotin und Koffein oder durch Sex und Alkohol oder Drogen.

Ichhafte Leute haben immer Angst, selbst wenn sie gelernt haben, ihre Angst zu verbergen, unter Umständen sogar hinter einer Heldenpose. Man kann auch sagen: Je weniger Mut jemand hat, desto ichhafter wird er sein.

IV Selbsterkenntnis

1 *Der Mut*

Ehe wir uns selbst erziehen können, ist es wichtig
festzustellen, wie groß unser Mut ist. Meistens haben
wir darüber falsche Vorstellungen, weil wir oft uns
selbst gegenüber, nicht nur gegenüber den anderen,
unsere Ängste nicht eingestehen wollen. Auch Menschen, die als sehr mutig gelten, wie bestimmte
Sportler, können in der heutigen Zeit kaum ohne
irgendwelche Ängste sein. Wir leben in einer Zeit
der Angst, wir sind eine verängstigte Generation.
Oft gehören gerade die Menschen dazu, die in ihrer
Umgebung als besonders mutig gelten, die es nämlich
nötig haben, sich und den anderen ihren Mut zu beweisen, weil sie voller Ängste stecken. Das soll aber
nicht heißen, daß Mensch-sein gleichbedeutend ist
mit Angst haben. Wir können schon heute unsere
Ängste, wenn auch nicht vollständig, so doch zum
größten Teil überwinden. Zuerst einmal müssen wir
genügend mutig sein, uns unsere eigenen Ängste einzugestehen. Um festzustellen, wieviel Angst oder –

positiver ausgedrückt – wieviel Mut jemand hat, ist es nötig, sich über den Begriff des Mutes klar zu werden.

Unter Mut darf man nicht die Heldenpose des Menschen verstehen, der irgendwelche halsbrecherische Leistungen vollbringt, sondern Mut ist eine Eigenschaft, die allen Menschen zusteht und keine typische männliche Eigenschaft ist. Man kann unter mutig sein folgendes verstehen:

1. Stellung nehmen zum Leben in seinem Wechsel von Freud und Leid.

2. Auch dem Schwersten standhalten, sich damit auseinandersetzen und es zu überwinden suchen. Überwindung ist eine der Hauptaufgaben unseres Lebens.

3. Sich zu seinen Handlungen bekennen und die Konsequenzen auf sich nehmen. All das gehört zur sogenannten «Zivilcourage» und hat nichts mit männlich oder weiblich zu tun.

4. Kritik ertragen. Das ist etwas, was gar nicht leichtfällt, weil wir gewohnt sind, uns sofort in Verteidigungsstellung zu begeben.

5. Seine Irrtümer und Fehler eingestehen, ohne dies als Demütigung zu empfinden. Es gibt viele Menschen, die bereit sind, ihre Fehler und Irrtümer einzugestehen, sogar vor anderen, aber meistens fühlen sie sich dabei noch gedemütigt. Erst wenn dieses Gefühl der Demütigung überwunden werden kann, weil wir davon ausgehen, daß jeder Mensch Fehler hat und Fehler macht, dann können wir davon sprechen, schon ziemlich mutig zu sein.

6. Sich umstellen können. Damit ist gemeint, daß man nicht starr ist, sondern daß man sich auf die jeweiligen Situationen und Gegebenheiten richtig

einstellt, was eine unserer wichtigsten Erziehungsmethoden darstellt.

7. Bereit sein, wenn es notwendig ist, sich auch einmal unbeliebt zu machen. Wir sollen also nicht
einfach mitmachen, konform gehen in einer bestimmten Gruppe, sondern die Mitarbeit muß
unter einem höheren Aspekt verstanden werden.
Wenn die Gruppe, in der wir uns befinden, sich
nicht richtig bewegt, nicht die richtige Richtung
einschlägt, dann müssen wir riskieren, uns auch
einmal unbeliebt machen zu können, um damit
eventuell der Gruppe zur Weiterentwicklung,
zum Fortschritt zu verhelfen.

8. Allein mit sich fertig werden können, ohne immer
andere mit seinen Angelegenheiten belasten zu
müssen.

9. Sich verantwortlich fühlen für alles, was man
tut, im Hinblick auf die Gemeinschaft.

Damit ist das Mutig-sein natürlich noch nicht er-
schöpfend erklärt, doch können wir, wenn wir diese
Punkte durchnehmen, feststellen, wie es mit unserem
eigenen Mut bestellt ist.

2 Das Gemeinschaftsgefühl

So, wie der Mut, ist auch das Gemeinschaftsgefühl
bei der Selbsterziehung ein wichtiger Gradmesser
unserer augenblicklichen Situation. Gemeinschaftsgefühl bedeutet Mitmenschlichkeit, Sachlichkeit, Logik im Denken, Bereitschaft zur Leistung, Bereitschaft zur Hingabe an das Erlebnis von Kunst und
Natur und vor allen Dingen Bereitschaft zur Verantwortung. Nach Adler ist das Gemeinschaftsgefühl
der wichtigste Teil der Ausrüstung, die der Mensch

schon auf die Welt mitbringt. Aber dieses Gemeinschaftsgefühl muß entwickelt werden. Am Anfang des kindlichen Daseins ist es wohl die Mutter, die dafür Verantwortung trägt. Das Gemeinschaftsgefühl ist also die Grundlage der normalen Anpassung, und das Kind braucht die Gelegenheit, es durch die Mutter zu lernen. Gemeinschaftsgefühl haben heißt, sich auf der nützlichen Seite des Lebens zu bewegen, seine eigenen Interessen verfolgen und sich trotzdem für andere und deren Interessen interessieren. Je mehr Gemeinschaftsgefühl man hat, desto kleiner wird das Minderwertigkeitsgefühl, desto größer der Mut, der Optimismus, das Gefühl, im Leben zu Hause zu sein. Durch nichts empfindet man sein Dasein so sehr berechtigt und wertvoll, als wenn man weiß, daß man anderen von Nutzen sein kann.

Gemeinschaftsgefühl haben heißt Vertrauen haben, im Leben einen Sinn sehen und nicht immer Sicherheit haben wollen. Wir sind nicht auf der Welt, um sicher zu sein. Es besagt aber nicht, einfach extravertiert zu sein, sich um jeden Preis anzupassen, sondern es ist mehr als das einfache Mitmachen in einer bestehenden Gruppe. Es bedeutet, ein Ziel der Vollkommenheit in uns tragen und auch den anderen zum Fortschritt, zur Weiterentwicklung verhelfen wollen.

Je mehr man sich gleichwertig fühlt, desto mehr hat man Gemeinschaftsgefühl. Man kann sogar sagen, daß das Gemeinschaftsgefühl der Maßstab für die sogenannte «Normalität» ist. Der Bestand harmonischer mitmenschlicher Beziehungen hängt vom Gemeinschaftsgefühl ab. Die Entwicklung des Gemeinschaftsgefühls bedarf einer positiven Selbsteinschätzung. Wie wir noch sehen werden, ist diese positive

Selbsteinschätzung durchaus möglich, wenn wir bereit sind, auch an uns das Positive sehen zu wollen. Das kann eine ganz sachliche Feststellung sein und braucht nicht mit Selbstlob bezeichnet zu werden. Es gibt keinen Menschen ohne positive Seiten.

Das Gemeinschaftsgefühl steigert die Toleranz. Die Fähigkeit zur Mitarbeit ist ein Maßstab für das Gemeinschaftsgefühl. Je weniger einer zur Mitarbeit bereit ist, desto mehr verrät er, daß sein Gemeinschaftsgefühl nicht genügend entwickelt ist.

3 Die Familienkonstellation

Die Kenntnis der Familienkonstellation und ihrer Auswirkungen hat für die Selbsterkenntnis eine große Bedeutung. Je nachdem, ob man als einzelnes oder mittleres oder jüngstes Kind aufgewachsen ist, weiß man damit um die verschiedenen Einflüsse, die innerhalb der Familie in der Kindheit auf uns eingewirkt haben. Diese Einflüsse determinieren nicht, sondern werden zum Anlaß genommen, uns schon in der Kindheit für eine bestimmte Bewegungsrichtung im Leben zu entscheiden. Die Möglichkeiten und Hindernisse, die Herausforderungen, die an uns ergehen, die Erwartungen und die Enttäuschungen, Erfolg oder Mißerfolg werden durch die Stellung des Kindes innerhalb der Geschwisterreihe in der Familie stark beeinflußt. Aus diesen Eindrücken und Erfahrungen innerhalb der Familie bildet sich das Kind ein Bezugssystem, um die Welt auch außerhalb der Familie zu verstehen. Wieweit ein Kind glaubt, aus seinen Fähigkeiten zu Hause Fertigkeiten machen zu können, beeinflußt seine Fähigkeit, mit den Situationen außerhalb des Heimes fertig zu werden.

Man kann demnach den Charakter als Ausdruck der Bewegung innerhalb der Familiengruppe verstehen und sollte die Charakterbildung nicht hauptsächlich der Vererbung, der seelisch-sexuellen Entwicklung oder den Anreizen der Umwelt zuschreiben. Die Familienkonstellation muß als etwas Dynamisches angesehen werden, d. h. daß nicht nur diese Faktoren auf das Kind einwirken, sondern daß es auf die eigene Deutung des Kindes ankommt und die gegenseitige Beeinflussung innerhalb dieses sozialen Feldes, das wir Familie nennen. Das Kind übt genauso Einflüsse auf seine Umgebung, also die anderen Familienmitglieder aus, wie es von ihnen beeinflußt wird. In seinem Bemühen, sich zugehörig zu fühlen, nämlich einen Platz in der Gruppe, der Familie, zu erreichen, entwickelt das Kind bei seinen frühen Beziehungen zu anderen Familienmitgliedern seine eigenen Methoden und bringt die anderen dazu, es so zu behandeln, wie es dies von ihnen erwartet.

Kinder reagieren auf die gleiche Situation ganz verschieden, so daß in keiner Familie, sogar wenn es sich um eineiige Zwillinge handelt, zwei Kinder in genau derselben Situation aufwachsen. Die Familienumgebung ist für jedes einzelne Kind eine andere. Daß die Geburt jedes folgenden Kindes die Situation ändert, dürfte wohl klar sein. Man darf aber auch nicht vergessen, daß die Eltern bei jeder neuen Geburt älter und erfahrener geworden sind. Sie mögen in der Zwischenzeit wohlhabender geworden sein und ein eigenes Haus besitzen. Oder sie mögen durch irgendein Unglück ärmer geworden sein. Vielleicht sind sie auch in ein anderes Viertel gezogen, womit sich die Nachbarschaft geändert hat. Andere Möglichkeiten für eine geänderte Situation sind z. B. Stiefeltern aufgrund von Scheidung oder Tod.

Wichtig ist auch, ob ein Geschwister krank oder verkrüppelt ist oder ob ein Kind kurz vor oder nach dem Tod eines anderen geboren wurde. Die Stellung eines einzelnen Jungen unter lauter Mädchen stellt eine besondere Situation dar, genau wie die Stellung eines einzelnen Mädchens unter lauter Jungen. Auch irgendwelche offensichtlichen körperlichen Merkmale, z. B. die Hübschheit eines Kindes, kann starke Einflüsse ausüben. Ferner darf nicht vergessen werden festzustellen, ob außer den eigentlichen Familienmitgliedern, nämlich den Eltern und Geschwistern, auch noch andere Personen im Hause gelebt haben, wie Großeltern, Tanten, Untermieter und Hausangestellte.

Sehr von Bedeutung ist die Feststellung, ob ein Kind in irgendeiner Weise von den Eltern den Geschwistern vorgezogen wurde. Nichts kann ein Kind in der frühen Kindheit so sehr entmutigen als der Eindruck, daß Geschwister ihm vorgezogen werden. Auch heute noch ist es sehr oft der Fall, daß Knaben immer noch eine überlegene oder eine besondere Rolle spielen dürfen, was dann zu einem Minderwertigkeitsgefühl der Mädchen führen kann. Kinder beobachten außerordentlich gut, aber sie können das Beobachtete nicht immer richtig deuten, so daß allein schon der Verdacht, andere könnten ihm vorgezogen werden, ein Kind dazu bringen kann, sich in eine falsche Richtung zu entwickeln. Wir wollen jetzt einige typische Familienkonstellationen beleuchten:

Das einzige Kind

Das einzige Kind verbringt seine ganze Kindheit unter Personen, die erwachsen sind und dadurch von vornherein mehr können als es. Dadurch mag es ihm wichtig sein, die Anerkennung dieser Erwachsenen zu erreichen. Deshalb wird es sich hervortun und entsprechende Fertigkeiten entwickeln. Es mag ihm aber auch darum zu tun sein, das Mitgefühl der Erwachsenen zu erregen, so daß es sich in Richtung Scheu, Furchtsamkeit oder Hilflosigkeit entwickelt.

Das einzige Kind ist üblicherweise ein verwöhntes Kind. Ist es ein Junge, wird er oft einen Mutterkomplex haben, d. h. in zu starker Abhängigkeit von der Mutter aufwachsen. In seinem Leben als Erwachsener kann er dann insofern davon beeinflußt sein, daß er sich bei der Partnerwahl nach einer Frau umsieht, die ihm die Mutter ersetzen soll. Ein Junge kann auch das Gefühl haben, daß sein Vater sein Rivale ist. Dieser Umstand sollte jedoch nicht gleich mit der Sexualität in Verbindung gebracht werden. Man kann oft erleben, daß der Vater, der seither die Mutter für sich allein gehabt hat, bei Geburt des ersten Kindes auf dieses eifersüchtig wird, weil es nun soviel Zeit seiner Frau wegnimmt, die ihm früher allein zur Verfügung gestanden hat.

Ein einziges Kind genießt sehr oft seine Stellung als Mittelpunkt des Interesses eines kleineren oder größeren Erwachsenenkreises und ist gewöhnlich stark an seiner eigenen Person interessiert. Ein anderer Umstand ist die Tatsache, daß die Eltern beim ersten Kind im allgemeinen ängstlicher sind als bei den weiteren, so daß beim einzigen Kind oft ein Gefühl der Unsicherheit festgestellt werden kann. Einzige Kinder haben es oft nicht gelernt, durch eigene Bemühungen etwas zu erreichen, sondern stellen andere in ihre Dienste und erwarten, daß sie alles sofort bekommen, wenn sie es haben wollen. Werden diese Wünsche nicht erfüllt, kann sich das Kind als ungerecht behandelt fühlen und seine Mitarbeit verweigern.

Es soll noch einmal darauf hingewiesen werden, daß diese und auch die weiteren Feststellungen keine zwingenden Entwicklungen sind, sondern Möglichkeiten aufzeigen, wie sie oft beobachtet wurden.

Das erste Kind

Das erste Kind genießt oft eine bevorzugte Stellung; mindestens war es eine Zeitlang das einzige Kind und stand dadurch im Mittelpunkt des Interesses. Solche Kinder können die Idee entwickeln, daß sie immer die ersten sein müssen. Sie werden fortan über die nächsten Kinder immer eine Art von Überlegenheit aufrechterhalten wollen. Bei Geburt des zweiten Kindes kann sich das erste Kind sehr oft entthront fühlen, sich dadurch entmutigen lassen und sich weigern, irgendwelche Verantwortungen auf sich zu nehmen. Es glaubt, nicht geliebt, sondern vernachlässigt zu werden, und bemüht sich dann, die Aufmerksamkeit und Bedienung seiner Mutter durch positive Leistungen zu erhalten oder wiederzugewinnen. Falls dies nicht gelingt, wendet es sich der unnützen Seite des Lebens zu und wird lästig. Wenn sich seine Mutter dann auf einen Streit einläßt, kann es zum Problemkind werden.

Das erste Kind kann ein besonders tüchtiges, gutes Verhaltensmuster entwickeln oder auch besonders stark entmutigt werden. In seinem Kampf, die

Oberhand zu behalten, bemüht es sich manchmal, andere zu beschützen und ihnen zu helfen. Nicht selten kommt es vor, daß Ausdrücke des Hasses oder sogar Todeswünsche gegen das zweite Kind gerichtet sind. Ist das erste Kind ein Junge und folgt innerhalb kurzer Zeit eine Schwester, dann kann der persönliche Konflikt zwischen beiden zur Grundlage späterer geschlechtlicher Unzufriedenheit werden. Im Alter von 1–17 Jahren entwickeln sich die Mädchen im allgemeinen rascher als die Knaben. Derart kann der erstgeborene Junge von der ihm folgenden Schwester überholt werden. Er versucht dann gewöhnlich aufgrund der immer noch üblichen sozialen Bevorzugung von Knaben sich zur Geltung zu bringen und aus seiner männlichen Rolle Vorteile zu ziehen. Ein Mädchen dagegen kann wegen seiner Mädchenrolle ein Minderwertigkeitsgefühl entwickeln und in einer Art von Überkompensation nach vorwärts drängen.

Das zweite Kind

Dieses hat eine etwas unbequeme Stellung und nimmt oft die Haltung einer Lokomotive ein. Es steht dauernd unter Druck und versucht, das ältere Kind einzuholen, um diesem dauernden Druck zu entgehen. Ein zweites Kind hat nie die ungeteilte Aufmerksamkeit der Eltern, sondern immer ein anderes Kind vor sich, das im allgemeinen fortgeschrittener ist. Wenn es meint, gegenüber dem ersten Kind nicht gewinnen zu können, wird sein Anspruch auf Gleichwertigkeit in Frage gestellt. Diese Kinder benehmen sich oft so, als ob sie in einem Rennen wären, überaktiv und streberhaft.

Etwas, was wir fast immer beobachten können, ist die Konkurrenz zwischen den beiden ersten Kindern, die sich darin zeigt, daß sie sich charakterlich gegensätzlich entwickeln. Ist das eine Kind zuverlässig und gut, mag das andere unzuverlässig und schlecht werden. Ist das eine erfolgreich, wird sich das zweite wahrscheinlich unsicher fühlen und seine Fähigkeiten bezweifeln. Wird ein drittes Kind geboren, dann wird es zu einem «eingeklemmten» Kind, zu einem sogenannten «Sandwichkind».

Das mittlere Kind von dreien

Dieses hat einen unsicheren Platz innerhalb der Familiengruppe und wird sich oft vernachlässigt fühlen. Es entdeckt nämlich, daß es weder die Vorrechte des jüngsten noch die Rechte des älteren Kindes hat. Deshalb kann es sich ungeliebt und mißbraucht fühlen und zu der Überzeugung gelangen, daß die Welt ihm gegenüber ungerecht ist. Es mag dann nicht in der Lage sein, einen Platz in der Gruppe zu finden und kann dadurch besonders stark entmutigt und zum schwierigen Kind, zum Problemkind werden.

Sind Kinder in der Mitte von größeren Familien, entwickeln sie gewöhnlich einen stabileren Charakter. Auch der Streit zwischen den Kindern ist in der Folge gewöhnlich weniger ausgeprägt. Man kann sagen, je größer die Familie, desto geringer Streit und Rivalität unter den Kindern.

Das jüngste Kind

Je nach dem Altersabstand zu den älteren Geschwistern ist es oft wie ein einziges Kind. Häufig wird alles für es getan, sowohl Entscheidungen getroffen als auch Verantwortung übernommen. Üblicherweise von der ganzen Familie verwöhnt, werden diese Kinder Superbabies mit mehreren Müttern oder Vätern, wenn nämlich ältere Geschwister auch die Elternrolle übernehmen. Als das kleinste und schwächste Kind befindet es sich in einer peinlichen Situation und wird oft von den älteren Geschwistern nicht ernstgenommen. Es kann aber auch der «Boß» der Familie werden, indem es sich nämlich zum Renner entwickelt, weil es sich weit zurückgelassen fühlt. In der Folge wird es versuchen, alle seine älteren Geschwister zu überflügeln und der erfolgreichste zu werden. Umgekehrt kann es Minderwertigkeitsgefühle entwickeln und den direkten Kampf um Überlegenheit vermeiden. Vielleicht behält es die Babyrolle bei, stellt andere in seinen Dienst und macht somit aus seiner Schwäche eine Stärke. Vielfach beobachtet man ein Bündnis mit dem ältesten Kind, da beide am Ende einer Reihe, also etwas außerhalb stehen.

Grundsätzlich ist zu sagen, daß Geschwister, die sehr große Verschiedenheiten aufweisen, im Charakter, im Temperament, in den Interessen, Fähigkeiten usw., in der Kindheit wahrscheinlich als Konkurrenten aufgewachsen sind, während die Ähnlichkeit von Charakterzügen auf Bündnisse hinweist. Zwischen Konkurrenz und Rivalität ist zu unterscheiden. Konkurrenz ist das Wesentliche, Tiefgehende, das zu den Charakterverschiedenheiten führt, während Rivalität nur den unmittelbaren, offenen Ausgleich sucht in Form des Streites. Rivalen, also Kinder, die viel miteinander streiten, brauchen nicht unbedingt Konkurrenten zu sein. Andererseits können Konkurrenten auf jede Rivalität verzichten, indem nämlich der eine der Führende, Aktive und Beschützer ist, an den der andere sich anlehnt und von dem er infolge seiner Schwäche und Unterlegenheit Unterstützung bekommt.

Besteht zwischen Kindern ein sehr großer Altersunterschied, kann jedes Kind Kennzeichen des einzigen Kindes haben. Größere Altersunterschiede können auch zu einer Gruppierung innerhalb der Familie führen, so daß sich, je nach der Kinderzahl, praktisch zwei oder mehr Familiengruppen ergeben können.

All diese Einflüsse in der Kindheit zu erkennen ist für die Selbsterziehung wichtig. Das Kind benützt seine Situation und die Eindrücke dazu, um seinen eigenen Lebensstil, seine Bewegungsart und seine Charakterzüge zu entwickeln.

Finden wir übrigens zwischen den Kindern der gleichen Familie sehr starke Ähnlichkeiten, dann sind diese auf die Familienatmosphäre zurückzuführen. Im Gegensatz zur Familienkonstellation hängt die Familienatmosphäre häufig mehr von den Eltern, ihrer Einstellung, ihren Zielen bei der Erziehung und ihrem Wertsystem ab.

Es gehört zur Selbsterkenntnis festzustellen, mit wem man in Konkurrenz aufgewachsen ist. Früher meinte man noch, daß ein Altersunterschied von 6–7 Jahren genüge, um die Konkurrenz zwischen zwei Kindern auszuschalten. Der ältere fühlte sich von vornherein so überlegen, daß er den jüngeren nicht mehr als Konkurrenten ansah. In der heutigen Zeit der immer noch zunehmenden Konkurrenz und der Angst können wir aber beobachten, daß sogar ein Altersunterschied von 10 Jahren die Kinder nicht davon abhält, sich als Konkurrenten zu betrachten.

4 Die frühesten Kindheitserinnerungen

Ehe Sie weiterlesen, schreiben Sie sich bitte Ihre frühesten Kindheitserinnerungen auf. Es kommt dabei nicht so sehr auf den Inhalt, sondern darauf an, daß es die Erinnerungen sind, die am weitesten zurückliegen, so früh, wie Sie sich überhaupt erinnern können. Wenn möglich, schreiben Sie die fünf frühesten Erinnerungen auf. Haben Sie mehr Erinnerungen an die frühe Kindheit, also an die Zeit vor der Schule, dann ist es nicht nötig, mehr als diese fünf aufzuzeichnen. Haben Sie aber Mühe, sich an diese frühe Zeit zu erinnern, dann sollten Sie wenigstens drei Erinnerungen notieren. Beim Aufschreiben dieser Erinnerungen ist es wichtig, zwischen Erinnerung und Bericht zu unterscheiden. Wenn Sie sich erinnern, daß Sie sonntags immer mit Ihrem Großvater spazierengegangen sind, so ist es keine Erinnerung, sondern ein Bericht, da es sich um etwas handelt, was sich damals wiederholt hat. Wenn Sie aber fortfahren und sagen, daß bei einem dieser Spaziergänge folgendes passiert sei, dann wird es sich bei diesem Ereignis wahrscheinlich um eine echte Erinnerung handeln.

Die frühesten Kindheitserinnerungen sind das beste Mittel, um den eigenen Lebensstil festzustellen. Sie sind der Ausdruck der Grundeinstellung des kleinen Kindes. Wenn von den vielen tausend Erlebnissen der frühen Kindheit nur diese wenigen in Erinnerung geblieben sind, so zeigt dies, daß sie von besonderer Bedeutung waren und dem Bild entsprechen, welches das kleine Kind sich von der Welt, von den anderen Menschen, vom Leben und von sich selbst gemacht hat. Die frühesten Erinnerungen geben uns die Möglichkeit, unsere eigenen Fernziele, die uns üblicherweise unbewußt bzw. nicht genügend bewußt sind, einigermaßen zu erkennen. Erfahrungsgemäß ergänzen die frühesten Erinnerungen einander. Gegensätze sind nur scheinbar.

Hat jemand keine Erinnerungen, dann handelt es sich meist um jemanden, der nicht in sich hineinsehen will.

Sind nur schöne Erinnerungen vorhanden, so erscheinen vielleicht keine anderen Menschen darin, was darauf schließen lassen könnte, daß der Betreffende als Kind seine Umgebung als unangenehm erlebt und sich seine eigene Welt aufgebaut hat.

Es könnte aber auch sein, daß man deshalb nur schöne Erinnerungen hat, weil sie einem im Gegensatz zum tatsächlichen Leben erscheinen, wo niemand später wieder so etwas getan hat. Man bestätigt sich damit seine eigene schlechte Meinung vom Leben.

Wichtig ist die Rolle, die man selber in den Kindheitserinnerungen spielt. Bin ich damals aktiv gewesen, dann werde ich wahrscheinlich auch später im Leben eher eine aktive Rolle spielen. Bin ich dagegen nur Beobachter, der selbst nichts tut, so werde ich wahrscheinlich auch später eher die Rolle des Zuschauers spielen. Gelingt mir etwas in dieser frühesten Kindheitserinnerung, werde ich eher einen mutigen Lebensstil haben, als wenn mir nichts gelingt oder danebengelingt.

Bin ich in der Kindheitserinnerung allein und erwähne keine anderen Menschen, dann kann dies darauf deuten, daß ich als Kind schlechte Erfahrungen mit anderen gemacht habe und deshalb Angst habe, zu engen Kontakt mit anderen zu pflegen. Bin ich dagegen in einer Wir-Situation, so werde ich sehr wahrscheinlich auch später kontaktfreudiger sein.

Wird die Mutter in einer eher positiven Rolle erwähnt, dann ist es sehr wahrscheinlich, daß sie eine verwöhnende Mutter war. Auch bei anderen Personen muß man feststellen, ob sie positiv erscheinen, was auf ein entwickeltes Gemeinschaftsgefühl schließen ließe, oder ob sie sich negativ verhalten, was ein Hinweis darauf wäre, daß man die Umwelt eher als feindlich erlebt hat und auch heute noch sich gern über die Schlechtigkeit der Welt aufregt.

Erscheint jemand, der einem hilft, so versteckt sich dahinter das Gefühl der eigenen Hilflosigkeit. Man glaubt, auf die Hilfe anderer angewiesen zu sein. Wird die Mutter überhaupt nicht erwähnt, dann hatte das Kind wahrscheinlich das Gefühl, vernachlässigt worden zu sein. Ist man in den frühesten Erinnerungen mit jüngeren Geschwistern zusammen, so deutet es häufig darauf hin, daß man sich durch dieses jüngere Geschwister entthront gefühlt hat. Es kann aber auch sein, daß man sich nur im Umgang mit Schwächeren wohl fühlt. Die Geburt eines jüngeren Geschwisters zeigt praktisch immer das Gefühl der Entthronung an.

Eine häufige Erinnerung ist die an einen Landaufenthalt z. B. mit der Mutter, ebenso die Erwähnung von Eltern und Großeltern in freundlicher Atmosphäre. Dies bedeutet, daß man diese Personen vorzieht und damit aber auch andere ausschließt. Erinnerungen an Gefahren, Unfälle, Züchtigungen,

Strafen zeigen meist die Betonung des Feindlichen im Leben. Die Erinnerung an Untaten, Diebstähle, sexuelle Erfahrungen zeigt oft die große Anstrengung, dies weiterhin aus dem Leben auszuschalten. Die Erinnerung an Krankheit oder Tod deutet auf die Furcht davor und ist häufig mit dem Wunsch verbunden, selbst Arzt oder Pflegeperson zu werden, um besser dagegen gewappnet zu sein.

Oft wird auch der erste Tag im Kindergarten oder in der Schule erinnert, was darauf schließen läßt, daß neue Situationen im allgemeinen einen großen Eindruck machen.

Interessant ist auch die Symbolik in der Erinnerung. Befindet sich das Kind oben oder unten? Es empfindet sich als klein, wenn es schildert, wie groß oder riesenhaft die anderen oder Gegenstände waren. Der Grad dieser Symbolik läßt übrigens auf gewisse künstlerische Begabungen schließen.

Man kann in diesen frühesten Erinnerungen auch visuelle, akustische oder motorische Neigungen entdecken, was zeigt, daß der Betreffende sich mehr auf sein Auge, sein Ohr oder seine Muskeln verläßt.

Übrigens sind Kindheitsträume, die Erinnerung an Träume, die man schon vor dem Schuleintritt hatte, in ihrer Bedeutung den Kindheitserinnerungen gleich.

Es ist für die Selbsterziehung von großer Wichtigkeit festzustellen, welche Fernziele man in seinem Leben verfolgt. Erscheint der Betreffende immer als der Erste, als einer, der die erste Rolle spielt, dann ist sein Fernziel wahrscheinlich, immer der Erste zu sein. Gelingt ihm das nicht im Guten, dann kann es sein, daß er im Unnützen der Erste sein will. Er geht damit «auf die Nerven» und wird als lästig und störend empfunden. Ein weiteres Ziel ist, anderen zu gefallen. Bei erst- oder zweitgeborenen Mädchen, die in Konkurrenz mit einem Bruder aufgewachsen sind, kann sehr oft der Wunsch beobachtet werden, gut zu sein. Wieder anderen geht es hauptsächlich darum, Anerkennung zu finden. Das Fernziel, andere zum Mitleid zu bringen, ist auch nicht selten. Häufig kommt die Überzeugung vor, etwas Besonderes zu sein. Man will etwas Besonderes sein, was sich in den Kindheitserinnerungen durch das ganz Besondere ihrer Erlebnisse und der darin gespielten Rolle zeigt. «Ich darf keinen Fehler machen», «Ich muß im Recht sein», «Ich muß alles unter Kontrolle haben», können typische Seiten eines Lebensstils sein, die aus den Kindheitserinnerungen deutlich sichtbar werden.

Das oben Gesagte soll dazu dienen, daß jeder wenigstens eine oder einige Seiten seines persönlichen Lebensstils entdecken kann. Selbstverständlich ist es nicht möglich, den ganzen Lebensstil allein ohne fremde Hilfe entdecken zu können. Es kann aber schon viel helfen, wenn man sich über einige Seiten klarer geworden ist.

Angebracht dürfte sein, den Begriff des «Lebensstils» noch etwas zugänglicher zu machen: Man versteht darunter die Meinung, die das kleine Kind sich unbewußt aufgrund seiner Erlebnisse vom Leben, von den anderen Menschen, von der Welt, von sich selbst und seinen eigenen Kräften und Fähigkeiten gemacht hat. Diese Meinung des kleinen Kindes braucht nicht richtig zu sein. Kleine Kinder beobachten wohl außerordentlich gut, aber sie haben noch nicht genügend Wissen, Kenntnisse und Erfahrungen, um ihre Erlebnisse richtig deuten zu können, so daß der Lebensstil immer Irrtümer enthält. Üblicherweise geht man mit dem Lebensstil des kleinen Kindes ins Grab. Wir können den irrtümlichen Lebensstil nicht ändern, selbst wenn wir erwachsen sind, weil wir ihn ja gar nicht kennen. Eine Änderung des Lebensstils ist eigentlich nur durch therapeutische Behandlung bzw. durch therapeutische Gespräche zu bewirken. Wir haben also alle das kleine Kind noch in uns.

Es gibt noch eine andere Möglichkeit der Änderung des Lebensstils, mit der man aber im allgemeinen nicht rechnen kann: Man kann aufgrund besonders einschneidender Erlebnisse, meist religiöser Natur, von Grund auf so aufgewühlt und durchgeschüttelt werden, daß sich Seiten eines Lebensstils ändern können.

Was wir hier im Rahmen der Selbsterziehung erreichen wollen und können, ist das Erkennen einzelner Seiten des Lebensstils und ihr Ändern mit Hilfe der später zu besprechenden Methoden.

5 *Träume*

Auch Träume sind eine Möglichkeit zur Selbsterkenntnis, doch sind sie – wie ja auch die frühesten Erinnerungen – nur teilweise ohne fremde Hilfe zu erkennen. Grundsätzlich sollte man nicht die Träume deuten, sondern den Träumer. Es gibt aber typische Träume, die meist als Wiederholungsträume auftreten, aus denen sehr viel Charakteristisches entnommen werden kann. Dazu gehören die folgenden:

Angstträume lassen oft darauf schließen, daß man grundsätzlich die Feindlichkeit der Welt, anderer Menschen, des Lebens, der Wirklichkeit oder des

Schicksals überschätzt. Da Träume meistens eine Vorbereitung des Träumers auf den nächsten Tag darstellen, kann man darauf schließen, daß man sich mit Hilfe der Träume selbst warnt, indem man Gefühle der Angst erzeugt, die einen davon abhalten, etwas zu tun, was man eigentlich tun sollte. Selbstverständlich ist dies nur eine von vielen Deutungsmöglichkeiten.

Flugträume deuten oft auf ein Hochhinauswollen hin. Es sind häufig Ehrgeizträume. Man will sich über andere erheben, andere überflügeln, etwas können, was andere nicht können usf. Nicht selten sind Flugträume gekoppelt mit

Fallträumen. Die häufigste Deutung dieser Träume, in denen man herabfällt oder -schwebt oder -stürzt, ist eine kompensatorische. Man läßt sich im Traum fallen, was man sich in Wirklichkeit nicht erlaubt, weil das natürliche Hingabebedürfnis gehemmt ist. Menschen, die sich nicht richtig zugehörig fühlen, die glauben, keinen rechten Platz zu haben, erleben sehr oft solche Träume.

Verfolgungsträume sind eine Art von Angstträumen. Es kommt darauf an festzustellen, von wem man verfolgt wird. Sind es Menschen, dann sieht man in ihnen Feinde, die einem nicht wohlwollen. Träumt eine Frau, daß sie von Männern verfolgt wird, so läßt dies oft auf den sogenannten «männlichen Protest» schließen. Diese Frau hat davor Angst, eine unterlegene Geschlechtsrolle spielen zu müssen. Wird man von Tieren verfolgt, kann es eine allgemeine Angst vor dem Leben ausdrücken. Oft sind die Tiere, je nachdem um welche es sich handelt (z. B. Löwen,

Tiger, Hunde usw.), symbolisch zu verstehen. Verfolgung durch Undefinierbares oder Gegenstände kann auf allgemeine Lebensangst hinweisen. Verfolgungsträume sind oft gekoppelt mit

Hindernisträumen. Man kann nicht so rennen wie man will, als ob man Blei an den Füßen hätte, oder kann zum Beispiel nicht schreien oder rufen. Diese Träume zeigen, wie sich der Träumer im Leben behindert fühlt. Er glaubt zu wenig an sich und seine Fähigkeiten.

Verlegenheitsträume. In diesen Träumen befindet man sich meist halb bekleidet bzw. halb nackt oder auch ganz nackt plötzlich unter Menschen, z. B. auf der Straße. Häufig ist auch, daß man auf die Toilette geht und feststellt, daß man dort nicht allein ist. Man befindet sich also in Verlegenheit. Diese Träume lassen darauf schließen, daß man Angst hat, sich eine Blöße zu geben. Man hält von sich selbst nicht allzuviel und ist nun sehr darauf bedacht, seine vermutete oder tatsächliche Minderwertigkeit zu verheimlichen, damit andere nicht auch merken, wie wenig man wirklich ist.

Bahnhofsträume. Darunter versteht man Träume, wo man einen Zug, den Autobus, ein Schiff, das Flugzeug oder ein sonstiges Verkehrsmittel erreichen will und es gerade noch oder nicht mehr schafft. Diese Träumer haben Angst, im Leben zu kurz zu kommen. Wenn man den Zug gerade noch erreicht, läßt dies meist auf eine etwas mutigere Einstellung schließen, als wenn man dem abfahrenden Zug nachschauen muß, weil man zu spät gekommen ist. Jede Fahrt mit einem Verkehrsmittel kann, wie auch das Gehen oder Fahren auf einer Straße, mit der Lebensfahrt verglichen werden. Verläuft das Leben gut oder mit Hindernissen? Bin ich im Zugabteil allein oder mit anderen Menschen zusammen? Gibt es während der Fahrt Hindernisse oder Unglücksfälle?

Schul- und Examensträume. Wenn jemand nach der Schulzeit noch von der Schule träumt, dann handelt es sich oft um jemanden, der nicht leicht mit der Vergangenheit fertig wird. Da Träume grundsätzlich eine Vorbereitung auf das Kommende sind, kommt es auch hierbei wieder darauf an, ob jemand das Examen besteht oder nicht, oder ob er in der Schule Erfolg oder Mißerfolg hat. Das bestandene Examen kann ein «fiat!» ausdrücken, d. h. so möge es sich auch in Wirklichkeit ereignen. Es kann aber auch entmutigen, indem man sich sagt, daß es im Traum ja kein Kunststück sei, ein Examen zu bestehen, während die Wirklichkeit eben anders aussähe.

Sexuelle Träume. Haben Verheiratete solche Träume, können sie ein Training gegen den Lebenspartner bedeuten. Sexuelle Träume bei Ledigen dagegen können auf ein Training gegen die Ehe im allgemeinen hinweisen. Im allgemeinen wird ein normales sexuelles Leben sexuelle Träume nicht aufkommen lassen.

Tag- oder Wachträume. Diese sind der Ausdruck von Entmutigung. Die Rolle, die man im Tagtraum, also beim Träumen mit offenen Augen spielt, ist meistens die Rolle, die man sich im wirklichen Leben nicht zutraut. Der Glaube daran, daß man seine

Ideale verwirklichen kann, macht das Tagträumen unnötig.

Allgemein ist festzustellen, daß der Inhalt eines Traumes gar nicht so wichtig ist, wie die Stimmung bzw. die Gefühle und Emotionen, die durch den Traum hervorgerufen werden. Wenn ein Mann davon träumt, daß seine Frau gestorben ist und beim Aufwachen mit Erleichterung feststellt, daß sie ruhig schlafend neben ihm liegt, dann hat dieser Traum natürlich eine andere Bedeutung, als wenn er beim Aufwachen bedauert, daß sie immer noch am Leben ist!

Wenn man von etwas träumt, was man am Tag zuvor erlebt hat, nennt man dies «Tagesreste». Sie sind an sich nicht so bedeutsam, wie man gewöhnlich glaubt. Worauf es ankommt, ist der Gebrauch, den man von den Tagesresten im Traum macht. Sie sind Bausteine, aus denen der Träumer in eigener freier Verfügung etwas baut, was nicht von der Art der Tagesreste abhängig ist. Es ist wie beim tatsächlichen Bauen. Wenn der Bauherr Steine anfahren läßt, kann man aus der Art dieser Steine noch nicht darauf schließen, was für ein Haus er sich bauen will. Es kommt also nicht so sehr auf die Bausteine, die Tagesreste, an, sondern darauf, was man daraus macht.

6 *Probleme und Wünsche*

Wenn ich meine gegenwärtigen Probleme und Schwierigkeiten zu Papier bringe und sie in Zusammenhang sehe mit den seitherigen Ergebnissen meiner Selbsterkenntnis, so komme ich zu wesentlichen Einsichten. Zuerst schreibe ich wahllos alles auf, was mir gerade einfällt. Zum Beispiel:

Nervosität
Mangel an Konzentration
Magenschmerzen
Unglückliche Liebe
Müdigkeit
Erziehungssorgen
Eifersucht
Schlaflosigkeit
Depressionen
Unlust zur Arbeit
Angst vor Haarausfall
Keinen Sinn im Leben sehen
Zu vieles Rauchen
Trinken
Kann nicht entscheiden
Wutausbrüche
Willensschwäche
Kontaktschwäche
Angst
Schuldgefühle
Unfähigkeit
Muß mich über andere ärgern
Rege mich zu schnell auf
Kann nicht «nein» sagen
Zeitmangel
Ehrgeiz
Minderwertigkeitsgefühle
Kann nicht lernen
Sehe alles schwarz
Ungeduld

Möchte am liebsten davonlaufen
Kann vor anderen nicht reden
Stottern
Erröten
Aggressionen
Hemmungen
Fühle mich einsam
Schüchternheit
Schlechte Laune
Stimmungen
Trägheit
Unordentlichkeit
Sexuell klappt es nicht
Sturheit
Verschlossenheit
Die Hausarbeit hängt mir zum Halse heraus
Unsicherheit
Schweißausbrüche
Gleichgültigkeit
Niemand versteht mich
Innen leer
Schlechtes Gedächtnis
Naschhaftigkeit
Eßsucht
Kein Appetit
Passivität
Unausgeglichenheit
Kann mich nicht durchsetzen
Tue das Notwendige immer erst in letzter Minute

Kann nicht warten	Trödeln
Unruhe	Herzklopfen
Gespanntheit	Angst vor Krankheiten
Verstopfung	Befangenheit
Empfindlichkeit	Gereiztheit
Finanzielle Sorgen	Haßgedanken
Gesellschaftlich lang- weilig	Impulsivität
	Nägelkauen
Unzufriedenheit	Angst in Dunkelheit
Mangel an Planung	Langsamkeit
Unsachlichkeit	Kann mich nicht
Keine Initiative	ausdrücken
Zu hohe Ideale	Ich sage immer das
Alpdrücken	Falsche
Schlechte Träume	Verkrampfung
Masturbation	Beeinflußbarkeit
Habe keine eigene	Starrheit
Meinung	Kopfschmerzen
Zu viele Zweifel	Kann schlecht auf-
Innerlich unfrei	stehen
Kann nicht schweigen	Wetterempfindlichkeit
Egoismus	Selbstmitleid
Unpünktlichkeit	Unpünktlichkeit
Keine Phantasie	Kann nicht glauben
Keine Ausdauer	Ablenkbarkeit
Höhenangst	Zuwenig zielstrebig
Eigensinn	Angst vor dem anderen
	Geschlecht

Diese Auswahl aus den gewöhnlichen Problemen
soll zeigen, was ich mit Hilfe der im nächsten Kapitel erläuterten Methoden zur Selbsterziehung alles
angehen kann. Die Reihenfolge, in der ich meine
persönlichen Probleme spontan aufgeschrieben habe,
gibt einen gewissen Hinweis darauf, wie dringend

mir das einzelne Problem erscheint. Mit anderen Worten, das erstgenannte Problem dürfte quälender erscheinen als das letztgenannte.

Als zweiten Schritt bringe ich meine Probleme in eine weitere Ordnung, indem ich die äußeren und körperlichen von den inneren, seelischen trenne. Der letzte Ordnungsschritt besteht in der Unterscheidung zwischen den Problemen, deren Lösung ich als «schwierig», und denen, deren Lösung ich als einfacher ansehe. Wenn ich nämlich anfange, die Methoden anzuwenden, ist es ratsam, mit den «leichten» Problemen zu beginnen. Der Erfolg ist dann wahrscheinlicher und ermutigt mich zu weiteren Taten.

Das oben Ausgeführte gilt sinngemäß auch für meine Wünsche, die mir insofern zur Selbsterkenntnis dienen, als ich durch sie die Richtung erkennen kann, der ich zustrebe. Meine Wünsche sind bewußte Ziele und beinhalten sehr häufig die Lösung meiner Probleme. Auch meine Wünsche sollte ich in die oben näher geschilderten Ordnungen bringen. Hierauf erfolgt der letzte Schritt, indem ich mir einen Plan mache, wie ich vorgehen will. Ohne planmäßiges Vorgehen kann ich nie viel erreichen.

V Die drei Hauptmethoden der Selbsterziehung

Aufgrund der Erkenntnisse allgemeiner Prinzipien, allgemeiner Vorurteile und aufgrund der Selbsterkenntnis werden jetzt die drei hauptsächlichsten psychologischen Methoden der Selbsterziehung geschildert.

1 *Entscheidungen treffend*

Darunter versteht man, daß der Mensch ein Entscheidungen treffendes Wesen ist, das jeden Schritt, den es tut, selbst entscheidet, wenn auch meist nicht auf der bewußten Ebene (s. S. 42).

Hierzu ein Beispiel: Ich sitze am Schreibtisch und spüre ein menschliches Verlangen. Ich gehe also zur Toilette. Dies kann unter Umständen eine bewußte Entscheidung sein. Um diese aber durchzuführen, treffe ich eine Unzahl unbewußter Entscheidungen: Ich muß mich entscheiden, die Feder aus der Hand zu legen, den Schreibtischstuhl zurückzusetzen und bestimmte Muskelgruppen anzustrengen, um mich zu erheben. Ich setze den rechten vor den linken Fuß, was wieder eine Entscheidung ist, und den linken Fuß vor den rechten, öffne die Tür usw.

Im Seelischen ist es nun noch viel häufiger der Fall als auf der materiellen Ebene, daß wir Entscheidungen treffen, ohne daß sie sich zur bewußten Ebene erheben. Von dieser Erkenntnis ausgehend, wurde folgende allgemein anwendbare Methode entwickelt. Als Beispiel sei das Problem des Einschlafens genommen: Ich liege also in meinem Bett und stelle plötzlich fest, daß ich schon eine ganze Zeit liege, ohne einzuschlafen. Wenn ich mir jetzt sage, daß es höchste Zeit zum Schlafen ist, weil mich morgen wieder eine verantwortungsvolle Arbeit erwartet, und ich mir dann den Befehl gebe: «So, jetzt mußt Du aber endlich einschlafen», so ist dies der Beginn der Schlaflosigkeit, denn in diesem Augenblick kämpfe ich mit mir selbst (s. S. 64).

Ehe ich etwas erreichen kann, muß ich mir überlegen, daß nur ich selbst über meinen Schlaf entscheide.

Es ist mein Schlaf. Wenn ich nicht einschlafe, heißt das, daß ich nicht einschlafen will. Das klingt paradox, weil ich ja meine, das größte Interesse am Einschlafen zu haben. Sinnbildlich müssen wir da vielleicht zwischen dem äußeren, dem verstandesmäßigen, und dem inneren, dem unbewußten Willen, unterscheiden. Wenn der Verstand mir sagt, ich muß jetzt einschlafen, und ich schlafe nicht ein, so ist anzunehmen, daß der unbewußte Wille in diesem Augenblick der stärkere ist. Denn wenn der Mensch ein Entscheidungen treffendes Wesen ist, dann tut er, was er will. Da es keinen Sinn hat, dagegen anzukämpfen, muß ich diese meine Entscheidung, nämlich nicht einzuschlafen, zuerst einmal akzeptieren, um nicht diesen hoffnungslosen Kampf mit mir selbst zu beginnen.

Der nächste Schritt ist die Überlegung, daß ich mich auch entscheiden können muß einzuschlafen, wenn es mir vorher möglich war, mich für das Nicht-Einschlafen zu entscheiden. Um den Kampf mit sich selbst zu vermeiden, muß man sich vom bestehenden Problem distanzieren, indem man im Geist außerhalb von sich tritt. Im Geist setze ich mich also auf den Stuhl neben dem Bett und beobachte mich selbst, wie ich daliege. In diesem Augenblick bin ich nicht mehr mit dem Problem des Einschlafens oder Nichteinschlafens beschäftigt, sondern will durch Beobachtung ganz unbeteiligt feststellen, ob ich will oder nicht will, das heißt ob mein bewußter oder mein unbewußter Wille der stärkere ist. Wenn ich das fertig bringe – und jeder kann das lernen – dann kann es sein, daß ich plötzlich eingeschlafen bin.

Methodisch zusammengefaßt, würde das nun so aussehen:

1. «Ich habe mich entschieden, nicht einzuschlafen, das heißt ich will nicht einschlafen, denn der Mensch tut, was er will.»

2. «Ich muß diese meine Entscheidung akzeptieren, denn keine Macht der Welt kann daran etwas ändern, es sei denn»,

3. «ich könnte mich auch entscheiden einzuschlafen.»

4. «Ich will mich jetzt selbst beobachten, um herauszufinden, was ich wirklich will: Will ich einschlafen, oder will ich nicht einschlafen?»

Hat die Methode Erfolg gehabt, dann ist es gut. In unserem Beispiel bin ich ja eingeschlafen. Hatte sie aber keinen Erfolg, dann setzt die nächste Überlegung ein:

105

5. «Offensichtlich will ich nicht einschlafen. Dies bringt aber Nachteile mit sich. Wenn ich mich für das Unangenehme, also das Nachteilige, entscheide, dann muß mir diese meine Entscheidung unerkannte Vorteile bieten, nämlich das Erreichen eines der vier Nahziele.»

Dieser Gedankengang ist logisch, denn keiner wird sich für das Unangenehme entscheiden, wenn er sich nicht irgendwelche Vorteile daraus verspricht. Der fünfte Satz ist der Übergang zur zweiten Methode, die nachfolgend geschildert wird.

Die beschriebene erste Methode ist eine rein verstandesmäßige und wird deshalb oft nicht wirken, wenn es um tieferliegende Probleme geht. Grundsätzlich ist jedoch zu empfehlen, diese Methode immer an erster Stelle anzuwenden, weil man durch Training sehr rasch dazu kommt, die Methode in Sekundenschnelle abwickeln zu können. Trotz des rein intellektuellen Vorgehens ist sie außerordentlich oft anwendbar und notwendig, um mit der folgenden Methode weiter trainieren zu können.

2 Die vier Nahziele (Dreikurs)

Die Erfahrung hat gezeigt, daß der Mensch, wenn es sich um sozial störendes Verhalten handelt, fast immer eines von vier Nahzielen verfolgt. Das ist keine irgendwie geartete Simplifizierung, also Vereinfachung seelischer Vorgänge, sondern wir können, wenn wir ehrlich und mutig genug sind, fast immer eines dieser vier Ziele als treibende oder besser gesagt hinanziehende Kraft erkennen.

Hier die vier Ziele:

1. Entschuldigung für eigene Mängel
2. Aufmerksamkeit erregen
3. Überlegenheit gewinnen
4. Vergeltung.

Die Methode besteht lediglich darin, daß man das richtige Ziel des betreffenden Verhaltens erkennt. Wenn zum Beispiel das Ziel einer Stimmung erkannt wurde, dann kann man sich dieser Stimmung nicht mehr genauso stark hingeben wie zuvor. Es kommt also darauf an, das Ziel zu erkennen, während hierauf alles andere beinahe von selbst erfolgt. Wir müssen uns deshalb jetzt damit befassen, wie man die Ziele erkennen kann.

Hierzu gibt es drei Wege. Der erste Weg ist schon bekannt. Man muß nämlich diese vier Ziele kennen und kann dann raten, um welches Ziel es sich wohl im Augenblick handelt. Dies ist aber noch ziemlich unbestimmt, so daß es auf den nächsten Schritt ankommt, nämlich festzustellen, was die Folgen der betreffenden Gemütsstimmung oder des betreffenden Verhaltens sind. Hat man die Folgen erkannt, so ist man dem Ziel schon ziemlich nahe. Folgen gibt es im allgemeinen zwei, erstens einmal meine eigene Reaktion (Weg 2) und zweitens die Reaktion meiner Umgebung (Weg 3).

Grundsätzlich kann man mit jedem Verhalten alle vier Ziele verfolgen. Habe ich einmal das richtige Ziel erkannt, dann darf ich mich aber nicht darauf verlassen, daß ich bei dem ähnlichen Verhalten nächstesmal wieder das gleiche Ziel verfolge. Man kann also mit dem gleichen Verhalten heute Ziel 1 verfolgen und am nächsten Tag ein anderes Ziel. Da die erste Methode am Beispiel der Schlaflosigkeit erläutert wurde, fahren wir jetzt am besten damit fort.

Ich habe also die Nacht sehr schlecht geschlafen, oder wie es so oft heißt, «kein Auge zugemacht» und muß zum Beispiel eine schwierige Prüfung ablegen. Insgeheim bin ich sehr im Zweifel, ob ich diese Prüfung bestehe und habe eine großartige Entschuldigung bereit, falls ich die Prüfung nicht bestehe. Ich kann dann nämlich sagen, daß ich sie gut bestanden hätte, wenn ich nur besser hätte schlafen können. In diesem Fall habe ich mit dem schlechten Schlaf Ziel 1 verfolgt.

Es kann aber auch sein, daß ich die Prüfung bestehe. In diesem Fall erschleiche ich mir ganz leicht das Gefühl der Überlegenheit, nämlich Ziel 3, indem ich mir sage, was für ein toller Kerl ich bin, daß ich diese Prüfung trotz des zu geringen Schlafes bestanden habe!

Angenommen, daß ich aufgrund meines schlechten Schlafes am nächsten Morgen schlechter Stimmung bin und meine Frau mich hierauf tröstet und sich teilnahmsvoll erkundigt, wie es mir geht, dann habe ich damit wahrscheinlich Ziel 2 verfolgt, denn ich bekomme von meiner Frau mehr Aufmerksamkeit und Bedienung, als ich sonst hätte erwarten können. Vorstellbar wäre auch, daß meine Frau den Kindern sagt: «Heute hat der Vati schlecht geschlafen, ihr müßt heute besonders lieb und still sein usw.» In diesem Augenblick könnte ich mir wieder das Gefühl der Überlegenheit verschaffen, weil der ganze Haushalt sich nach mir richten muß.

Auch ist es nicht undenkbar, daß ich aufgrund des schlechten Schlafes und der anschließenden schlechten Stimmung am nächsten Morgen mit meiner Frau einen Streit beginne und ihr den ganzen Tag über das Leben zu Hause zur Hölle mache. Mir selbst gegenüber habe ich für mein Verhalten die Ausrede, daß ich ja nichts dafür kann, wenn man durch schlechten Schlaf so nervös geworden ist, während ich mich in Wirklichkeit für irgend etwas rächen will (also Ziel 4), das mir meine Frau am Tag zuvor angetan hat.

Diese Methode ist nicht in jedem Fall gleich anwendbar. Wenn ich zum Beispiel sehr aufgeregt oder verärgert bin, kann ich mich nicht ruhig und geduldig hinsetzen und diese Überlegungen anstellen. In diesem Fall ist es ratsam, die Methode später anzuwenden, und zwar aus Trainingsgründen. Wenn meine Aufregung oder mein Ärger abgeklungen sind, so kann ich mir überlegen, welches der vier Ziele ich damit wohl erreichen wollte. Dieses nachträgliche Training ist deshalb notwendig, um diese Überlegungen in immer kürzerer Zeit durchführen zu können. Der Sinn ist, mit dieser Methode so vertraut zu sein, daß mir das Ziel, das ich mit meinem Verhalten unbewußt verfolgt habe, in Sekundenschnelle einfällt, so daß es gar nicht erst zu dem üblichen Verhalten kommt. Wenn ich also in eine Situation gerate, in der ich mich sonst sehr aufzuregen pflege, kann ich es erreichen, daß ich das Ziel erkenne, schon ehe die Aufregung auf ihrem Höhepunkt angelangt ist. Ich rege mich demzufolge schon von vornherein nicht so stark auf wie früher.

3 Der Lebensstil als Methode

Diese Methode ist in der Anwendung sehr einfach. Angenommen, ich kenne eine Seite meines Lebensstils, nämlich ich glaube, auf die Hilfe anderer angewiesen zu sein. Wenn ich dann, um beim Beispiel des schlechten Schlafens zu bleiben, am nächsten Morgen meine Frau bitte, mir bei bestimmten Arbeiten zu helfen, die ich sonst allein gemacht hätte, so wäre in diesem Augenblick sehr wahrscheinlich die obige Seite meines Lebensstils mit für das schlechte Schlafen verantwortlich. In dem Augenblick, wo ich dies erkenne, wo ich mir also diesen Satz «Ich bin auf die Hilfe anderer angewiesen» klarmache und den Zusammenhang mit meinem schlechten Schlafen feststelle, geschieht aber noch nichts. Denn offensichtlich liegt die Wurzel des schlechten Schlafens tiefer, und ich kann unmöglich erwarten, daß mit der Erkenntnis dieser Seite meines Lebensstils sofort eine Änderung eintritt.

Es kommt zunächst nur darauf an, den Zusammenhang zwischen der einen Seite meines Lebensstils und dem augenblicklichen Problem zu erkennen. Eine Wirkung kann nicht sofort eintreten. Das ist typisch für diese dritte Methode der Selbsterziehung, ich muß damit trainieren, ehe ich etwas erreichen kann. Ich darf also nicht aufhören, mir die betreffende Seite immer wieder klarzumachen.

Nach einiger Zeit wird sich dem verstandesmäßigen Vorgehen auch ein erlebnismäßiges hinzugesellen, indem ich nämlich nach entsprechendem Training anfange, mich über mich selbst bzw. den «kleinen Kerl in mir» zu ärgern. Das ergibt die Phase der Anwendung dieser Methode, die ich unbedingt durchstehen muß. Wenn mir das gelingt, so kommt wieder nach einiger Zeit des Trainings ein weiteres Erleben. Statt mich bei der Erkenntnis des betreffenden Satzes meines Lebensstils zu ärgern, fange ich nämlich an, mich darüber zu amüsieren. Es erscheint mir dann lustig, daß der kleine Kerl in mir immer noch soviel Macht besitzt. Erst in dem Augenblick, wo ich ihn nicht mehr so wichtig nehme, kann eine tiefgreifende Änderung in mir stattfinden. Ich werde hinfort, um bei obigem Beispiel zu bleiben, immer weniger daran glauben, unbedingt auf die Hilfe anderer angewiesen zu sein.

Wir werden ohne fachliche Hilfe nie in der Lage sein, unseren ganzen Lebensstil zu erfahren, jedoch können wir, wenn wir einige Sätze unseres Lebensstils kennen, damit schon ungeheuer viel erreichen.

Angenommen, die Schlaflosigkeit geht so tief und ist so gut trainiert, daß ihr mit den Methoden 1 und 2 nicht beizukommen ist, dann müßte es möglich sein, dies mit Hilfe der dritten Methode zu erreichen.

Wenn gesagt werden kann, daß man mit der ersten Methode unter Umständen sogleich Erfolg haben kann, daß dies eventuell auch mit der zweiten Methode möglich ist, dann wissen wir aber sicher, daß die Anwendung der dritten Methode mehr Zeit und Geduld erfordert. Wie schnell man damit etwas erreicht, hängt davon ab, wie konsequent man mit allen drei Methoden trainiert. Im Kapitel VIII werden Beispiele für das Arbeiten mit den drei Methoden gegeben, die wir jedem zur Durcharbeit empfehlen. Es handelt sich bei diesen Beispielen um einige typische neurotische Fehlhaltungen. Aus Trainingsgründen sollten die Methoden grundsätzlich in der Reihenfolge 1-2-3 angewandt werden.

Dies ist nicht als eine weitere Methode zur Selbsterziehung gedacht, sondern unter dieser Überschrift werden grundsätzliche Haltungen als Ergänzung zu den drei Methoden erörtert.

1 *Das Gute*

Das Gute sehen wollen, das Schlechte übersehen

Dieser Merksatz soll auf die Fehlerbezogenheit unserer Zeit und unserer Kultur hinweisen. Der Mensch kann sich entscheiden, ob er das Gute oder das Schlechte sehen will. Die Dinge haben an sich keine Bedeutung, sondern es ist der Mensch, der sie ihnen gibt. Wenn ich jemandem ein Buch, sagen wir, zu DM 20,– anbiete, dann könnte der Betreffende mir antworten, daß er keinerlei Interesse an diesem Buch habe und deshalb nicht bereit sei, auch nur eine Mark dafür auszugeben. Neben ihm sitzt sein Freund, sieht das Buch und sagt, daß er gern DM 30,– dafür zahlen würde, wenn er es nur bekäme. Er hatte es nämlich schon seit Jahren gesucht.

Die Dinge haben nur Bedeutung, wenn der Mensch sie ihnen gibt. Damit hat der Mensch selbst eine ungeheuere Wichtigkeit, denn er kann allem, sogar Gott, Bedeutung beimessen oder nicht. Wenn also der Mensch Gott keine Bedeutung gibt, so ist für ihn Gott nicht existent. Wenn er ihm aber Bedeutung gibt, dann gibt er Gott die Macht, auf sich eine Wirkung auszuüben. Damit soll gesagt sein, daß es an uns liegt, ob wir die positiven oder die negativen Seiten einer Person oder einer Sache sehen. Vorhanden ist immer beides. Daß es sich lohnt, das Gute sehen zu wollen, das wurde bereits beim Beispiel Optimismus – Pessimismus besprochen.

Wir können nur auf dem Positiven aufbauen, nicht auf dem Negativen. Ein Kind kommt heim, und die Mutter will sein Heft, das es in der Schule benutzt, sehen. Üblicherweise wird sie mit dem Kind schimpfen, wenn die Handschrift schlecht ist. Damit erreicht sie aber keine Besserung der Handschrift, sondern nur eine Vergrößerung der Entmutigung des Kindes. Dieses Beispiel wurde gewählt, um zu zeigen, wie notwendig es ist, das Gute, das nicht von vornherein offensichtlich sein mag, entdecken zu wollen. Die Mutter, die dem Kind wirklich helfen will, besser zu schreiben, muß in der Schrift jetzt etwas Positives entdecken.

Sie wird zuerst nach einem gut geschriebenen Wort suchen. Wenn die Schrift so schlecht ist, daß kein einziges Wort gut geschrieben wurde, dann kann sie vielleicht noch einen Buchstaben finden, der gut aussieht. Wenn sie das Kind darauf hinweist, daß es ein hübsches kleines «a» geschrieben hat, so geht im Kind etwas ganz anderes vor, als wenn es nur auf seine Fehler hingewiesen wird. Im letzteren Fall hört es nur eine Bestätigung seiner eigenen Meinung des Ungenügens heraus, wird entmutigt und auch nicht besser schreiben, weil es überzeugt ist, daß es nicht gut schreiben lernen kann. Weist die Mutter aber auf den gut geschriebenen Buchstaben hin, so sagt sich das Kind, daß es auch weitere derartige Einzelbuchstaben gut schreiben kann. Es wird dadurch ermutigt und sein Selbstvertrauen wächst. Wenn aber nicht einmal ein einziger Buchstabe gut geschrieben ist, dann wird die Mutter, wenn sie sich bemüht, sicher noch einen i-Punkt finden, der richtig gesetzt ist. Diesen muß sie anerkennen, denn die Kinder können nur durch das Positive ermutigt werden und darauf aufbauen.

Dieses Beispiel wurde gebracht, um zu zeigen, daß wir im allgemeinen zu negative Augen haben, und wie wir uns manchmal anstrengen müssen, um wenigstens etwas Positives, so klein es auch sein mag, zu entdecken. Man kann dieses Beispiel noch weiterführen und der Mutter empfehlen, daß sie – angenommen, nicht einmal ein i-Punkt wäre richtig gesetzt – wenigstens dann das Bemühen des Kindes, überhaupt zu schreiben, anerkennen kann.

Das Gute erwarten, aber seine Sache auf nichts stellen

Über die Kraft der Erwartungen haben wir schon gesprochen, so daß es klar ist, daß wir das Gute anziehen, wenn wir es erwarten, und daß wir damit zum Gelingen beitragen. Der zweite Teil des obigen Merksatzes ist jedoch auch wichtig, weil wir uns bei seiner Nichtbeachtung zu rasch enttäuscht fühlen, falls das erwartete Gute nicht eintrifft. «Seine Sache auf nichts stellen» heißt, daß wir nicht auf den Erfolg schielen sollen, wie es bei der heutigen Überschätzung des Erfolges üblich ist. Sondern wir wissen, daß wir nicht dazu auf der Welt sind, um immer Erfolg zu haben. Selbstverständlich kann etwas schiefgehen, selbstverständlich kann das Negative einmal überwiegen, aber ich denke nicht daran, deshalb das negative Gefühl des Enttäuschtseins in mir hervorzurufen. Auch der Mißerfolg gehört zum Leben, Hauptsache, ich weiß, daß ich nächstesmal wieder eine gute Chance habe, mit meiner Erwartung des Guten recht zu behalten.

Die eigene gute Tat verbergen, die schlechte offenbaren

Im allgemeinen wird entgegengesetzt gehandelt. Wir freuen uns darüber, wenn unsere gute Tat beachtet wird, selbst wenn wir sie nicht an die große Glocke hängen. Mache ich aber meine eigene gute Tat bekannt, so habe ich, wie es in der Bibel heißt, «meinen Lohn dahin». Ich bekomme nämlich Anerkennung für mein gutes Tun und werde gleichsam sofort dafür belohnt. Ich sammle in mir also nichts Gutes an, sondern gebe es gleich wieder aus. Verberge ich aber meine gute Tat, dann ist es, wie wenn ich auf ein Bankkonto Geld einzahle, um ein Guthaben anzusammeln. In dem Augenblick, wo ich meine gute Tat verberge, bleibt das Gute in mir, und ich werde immer positiver und immer mehr in der Lage sein, auch zukünftig Gutes zu tun. Denn der Mensch ist das, was er behält.

Das obige Zitat aus der Bibel bezieht sich auf das

Matthäus-Evangelium, wo von dem Mann die Rede ist, der betet, fastet und Almosen gibt, aber so, daß die anderen Leute es merken. Sein Lohn besteht in der Anerkennung der anderen, die ihn für einen frommen Mann halten.

Die meisten Leute verbergen aber das Schlechte, das sie getan haben, weil sie sich schämen oder weil sie glauben, in der Anerkennung anderer zu sinken. Was sie nicht wissen, ist, daß sie in diesem Augenblick Negatives in sich ansammeln, Schulden, Schuldgefühle, also ein negatives Bankguthaben. Je mehr wir unsere eigenen Fehler und schlechten Taten verbergen, desto negativer werden wir und desto unfähiger, in Zukunft Gutes zu tun. Somit lautet unsere Empfehlung, die schlechte Tat, den Fehler einzugestehen, selbstverständlich nicht im Sinne der Demütigung vor anderen. In dem Augenblick, wo ich einen Fehler zugebe, gebe ich das Schlechte aus, es bleibt nicht in mir und macht mich nicht noch negativer. Mit anderen Worten: Das Schlechte, Billige, Gemeine, Fehlerhafte, Irrtümliche, Dumme oder Feige, das wir getan haben, nicht verbergen, weil wir sonst innerlich negativ, unsicher, besorgt, ängstlich, pessimistisch, miserabel, unlebendig, unschöpferisch, unaufrichtig, ja neurotisch und moralisch und geistig bankrott werden und weder Freude noch Sinn im Leben sehen, sondern uns womöglich noch selbst hassen.

Auf der anderen Seite sollen wir unsere guten Werke und Taten, unsere Tugenden und Stärken nicht offenbaren, damit wir durch das dadurch angesammelte «Guthaben» innerlich positiv, optimistisch, mutig, lebendig und schöpferisch werden, uns selbst akzeptieren, anderen und uns selbst vertrauen und mehr und mehr glauben können.

Übereinstimmung von Wort und Tat

Dies ist ein altbekanntes Problem. Was immer ich sage, kann keine große Wirkung haben, keinen großen Eindruck hervorrufen, wenn mein Handeln, meine Taten nicht mit meinem Wort übereinstimmen. Ich wirke nur dann glaubhaft, überzeugend und echt, wenn Wort und Tat übereinstimmen. Die Selbsterziehung bei diesem Merksatz besteht darin, daß ich mir Rechenschaft darüber ablege, ob ich mich entsprechend meinen Worten verhalte. Es braucht wahrscheinlich nicht betont zu werden, wie wichtig dieser Merksatz auch bei der Erziehung von Kindern ist.

Tat und Täter unterscheiden

Ein Kind hat etwas schlecht gemacht. Gewöhnlich tadelt es die Mutter in einer solchen Weise, daß sie dem Kind, ohne es zu wollen, das Gefühl vermittelt, nicht nur schlecht zu sein, sondern auch nicht geliebt zu werden. Die Tat und den Täter unterscheiden heißt, daß wir die schlechte Tat eines Menschen durchaus ablehnen können, ohne aber den Menschen selbst, meinen Mitmenschen, mein Mitgeschöpf, meinen Bruder abzulehnen. Was immer einer tut, er bleibt mein Mitmensch und behält seinen Wert als mein Mitmensch. Die schlechte Tat abzulehnen, aber nie den Menschen, der dahinter steht, den Täter, erfordert Fingerspitzengefühl. Erst wenn wir diesen Unterschied zwischen der Tat und dem Täter zu machen lernen, können wir mehr und mehr anderen Menschen, auch wenn sie fremd sind,

Liebe zeigen und sie damit ermutigen und einander helfen.

Es gibt noch andere Überlegungen, die unsere Haltung zum Positiven wenden können. Diese Überlegungen dürfen aber niemals aus einer überlegenen Haltung heraus erfolgen. Denn in dem Augenblick, wo wir uns über andere stellen, können wir ihnen nicht helfen. Wenn irgend jemand etwas Schlechtes getan hat, dann muß ich mir überlegen, zu welcher Kategorie von Menschen er gehört. Ist er unwissend, oder ist er wie ein Kind, oder ist er krank ('Abdu'l-Bahá)? Wenn er unwissend ist, so darf ich mich doch nicht darüber ärgern, sondern dann ist es meine Verantwortung, ihm zu helfen, mehr Wissen zu erlangen. Ist er wie ein Kind, also in seiner Entwicklung nicht genügend fortgeschritten, so darf ich mich über ihn genauso wenig aufregen, wie ich das über ein Kind tue. Meine Haltung sollte die des Verstehens sein und des ihm Helfen-Wollens in seiner Entwicklung. Auch über einen Kranken ärgern wir uns nicht, daß er krank ist. Und wenn hinter der schlechten Tat eine seelische Krankheit steckt, dann ist es meine Verantwortung, ihm zu helfen, gesünder zu werden, was oft schon allein durch eine ermutigende Haltung möglich ist.

Durch diesen Merksatz können wir das Verhältnis der Menschen untereinander durch größeres Wohlwollen und durch größere Liebe zum Positiven wandeln.

Was kann *ich* tun?

Mit diesem Merksatz ist gemeint, daß es praktisch immer falsch ist, wenn ich von jemand anderem den ersten Schritt erwarte. Bei jeder Auseinandersetzung, mit wem es auch sein mag, sollte meine Überlegung die sein, was ich tun kann, nicht was der andere tun soll. Solange einer vom anderen den ersten Schritt erwartet, wird dieser erste Schritt im allgemeinen nicht gern oder gar nicht getan.

Agieren, nicht reagieren

Ein Tier reagiert auf Reize seiner inneren oder äußeren Umgebung. Der Mensch kann selbstverständlich auch reagieren, aber wichtiger ist für ihn das Agieren, das Handeln. Solange ich nur auf anderes oder andere reagiere, mache ich mich abhängig. Erst durch Handeln, für das ich mich selbst entschieden habe, kann ich frei werden zur richtigen Bewegung, zur richtigen Richtung, zum richtigen Tun.

Sachlicher werden (Tatsachen und Ursachen sind zweitrangig)

Sachlicher werden heißt, die Dinge so beurteilen zu wollen, wie sie wirklich sind. Je sachlicher wir sind, desto eher können wir Vorurteile vermeiden. Aber auch in diesem Fall gilt es, daß wir keine Perfektionisten sind. Vollkommenheit ist ein ewig unerreichbares aber ewig richtungsweisendes Ziel. Wenn wir hundertprozentig sachlich sein wollten, wäre es wahrscheinlich gar nicht mehr möglich, Entscheidungen zu treffen und zu handeln. Wir würden dann von allem alle Seiten sehen und würden nur noch abwägen, welches die wichtigere oder richtigere

Seite ist. Eine subjektive Beurteilung der Gegebenheiten ist also notwendig. Sie darf nur nicht so weit gehen, daß wir unsachlich werden. Subjektivität und Sachlichkeit lassen sich durchaus vereinen. Worauf es ankommt ist, daß wir nicht entgegen dem common sense, entgegen der Logik des menschlichen Zusammenlebens handeln.

Wie schon mehrmals dargelegt, messen wir gewöhnlich den Tatsachen eine zu große Bedeutung bei, was Faktophilie genannt wird. Wichtiger als die Tatsachen ist die Meinung, die wir uns von ihnen bilden, und die Art, wie wir sie gebrauchen. Der Mensch kann immer auch anders und braucht sich weder durch Tatsachen noch durch Ursachen determinieren zu lassen.

Bekannt sind in Fachkreisen die Fälle von schönen Mädchen und Frauen, die zur Behandlung kommen, weil sie stark entmutigt sind. Obwohl sie ausgesprochen schön sind, glauben sie nicht an das eigene gute Aussehen. Man müßte meinen, daß ein Blick in den Spiegel oder die Aussagen der Umgebung genügen, um sie davon zu überzeugen. Die Tatsache der eigenen Schönheit gilt aber nichts im Vergleich zur persönlichen Meinung, die zum Beispiel aufgrund der Konkurrenz mit einer Schwester entstanden sein kann. Diese Schwester war als Kind und auch jetzt bei weitem nicht so schön wie die Patientin, verstand es aber, durch Charme die Umwelt für sich zu gewinnen. Ihr wandten sich alle Herzen zu, so daß die Patientin zu der falschen Schlußfolgerung kam, daß die Schwester schön wäre, sie selbst aber ein häßliches Entlein sei.

Es gibt aber auch den umgekehrten Fall: In Athen zum Beispiel gibt es einen Grundsatz bei der Erziehung von Mädchen: «Es gibt keine häßlichen

Frauen». Dies kann dazu führen, daß Mädchen, die äußerlich völlig unscheinbar, ja sogar wenig ansprechend sind, der Überzeugung sind, daß sie auf Männer wirken. Tatsächlich ziehen sie die Männer an, weil sie an ihr eigenes Aussehen glauben. Dies ist übrigens der bekannte Unterschied zwischen Schönheit und Sexappeal. Sexappeal, das den Glauben an sich selbst und das Interesse am anderen Geschlecht beinhaltet, kann somit über Schönheit triumphieren.

Tatsachen und Ursachen mögen noch so wichtig sein, wir sollten sie aber nie so wichtig nehmen, daß wir uns von ihnen bestimmen lassen.

3 *Andere*

Sich nicht vergleichen

Hierüber wurde schon öfters gesprochen (zum Beispiel S. 14, 16, 20). Wir konnten zeigen, daß der persönliche Vergleich mit anderen Personen sinnlos ist und zur Bewegung auf der Vertikalen führt. Auch bei dieser Überlegung müssen wir daran denken, daß Person und Sache getrennt werden sollten (s. S. 117). Selbstverständlich können wir uns jemand anderen zum Vorbild nehmen. Es ist auch nicht unrichtig, Leistungen miteinander zu vergleichen. Sich aber persönlich mit einem anderen zu vergleichen, ist nicht nur sinnlos, sondern schädlich.

Betrachten wir zwei Nachbarn. Beide hatten zu gleicher Zeit ein ähnliches Grundstück gekauft, sich ähnliche Häuser gebaut und einen kleinen Garten angelegt. Eines Tages bemerkt A, daß sich B eine Fernsehantenne auf das Dach montieren ließ, und zwar als einer der ersten in diesem Viertel. A, der sich nun dauernd mit B verglichen hatte und mit ihm in Konkurrenz stand, ohne sich dessen richtig bewußt zu werden, schaffte sich in aller Kürze auch ein Fernsehgerät an. Er hatte also wieder gleichgezogen. Doch irgendwie schien der Beruf von B mehr der augenblicklichen Konjunktur zu entsprechen, so daß sich der materielle Erfolg bald in anderen Dingen widerspiegelte. Plötzlich fuhr B einen großen Straßenkreuzer, dann bekam auch seine Frau ein Auto, er konnte ein benachbartes Grundstück dazuerwerben, seinen Garten vergrößern und noch anbauen. A wurde immer unruhiger und rackerte sich ab, um sich diese Dinge auch leisten zu können. Eines Tages mußte er jedoch einsehen, daß er B nicht erreichen könne, als er von diesem zu einer seiner glanzvollen Parties eingeladen wurde. Die Kleider von Frau B, die kostbaren Möbel und der modern angelegte Garten wurden bewundert. Geschickt ließ der Gastgeber in der Konversation einfließen, was für wichtige und bedeutende Leute er kenne und welche Urlaubsreisen sie in letzter Zeit gemacht hätten. A mußte nun einsehen, daß er da nicht mitkommen kann, war aber immer noch gewohnt, sich mit B zu vergleichen. Er fing also seinerseits damit an, mit allem möglichen anzugeben, ohne daß etwas dahintersteckte.

Wenn A aufhören würde, sich mit B zu vergleichen, so könnte er sich vom Materialismus und Geltungsbedürfnis des B freimachen und innere Werte entwickeln, was aber nicht als Politik der «sauren Trauben» angesehen werden müßte. Wir müssen uns klarmachen, daß jeder einzelne Mensch etwas absolut Einzigartiges ist, das es in der Vergangenheit noch nie gegeben hat und das es auch in der Zukunft nie wieder geben wird. Noch einmal: Der Mensch ist eine Fundgrube voller Edelsteine. Seine Aufgabe ist es, diese Edelsteine zutage zu fördern. Wenn er sich aber mit anderen vergleicht, dann können diese Edelsteine nicht ans Licht kommen, denn er richtet sich nach den anderen und macht sich somit absolut abhängig und unfrei.

Weder streiten (auch nicht mit sich selbst) noch nachgeben (auch nicht sich selbst), sondern verstehen und helfen wollen.

Dieser Merksatz wurde schon im Kapitel über die Vorurteile (S. 67) behandelt. Streiten ist so falsch wie Nachgeben, denn das eine verletzt die Würde des anderen, das andere die eigene Würde. Mit Streit kann man nichts erreichen, weil er immer wieder neuen Streit gebiert. Derjenige, der um des lieben Friedens willen nachgibt, frißt seine Gefühle in sich hinein, so daß es eines Tages zu einer um so stärkeren Explosion kommen wird.
Dasselbe gilt auch für den Umgang mit sich selbst. Wir halten es nicht für richtig, daß man seine Gefühle kontrollieren bzw. beherrschen will. Man kämpft dann mit sich selbst und bringt es doch nicht fertig. Ebenso unrichtig erachten wir es, seinen Gefühlen nachzugeben. Wenn wir den Gefühlen freien Lauf lassen, ist es mehr als wahrscheinlich, daß wir die Würde und Achtung anderer verletzen.
Worauf es ankommt ist, sowohl andere als auch uns selbst verstehen zu wollen. Das beste Mittel, das wir dafür haben, ist die Anwendung der zweiten Methode der vier Nahziele. Wenn ich nämlich ver-

standen habe, daß ich mich nur deshalb aufrege, um mit jemandem schimpfen zu können und mir damit das Gefühl der Überlegenheit zu erschleichen, dann verstehe ich mich in diesem Augenblick nicht nur besser, sondern kann mir selbst helfen, mich anders bzw. richtiger zu verhalten.

Das gleiche gilt für mein Gegenüber. In dem Augenblick, wo ich zum Beispiel verstehe, daß er sich mir gegenüber nur deshalb so falsch verhält, weil er mir überlegen sein will, verstehe ich auch, daß hinter diesem Überlegenheitsstreben ein Mensch steht, der sich schwach fühlt und zu wenig an sich glaubt. Natürlich könnte ich dieses Wissen mißbrauchen und aus meiner Erkenntnis eine psychologische Waffe machen. Der richtige Gebrauch dieser Erkenntnis würde aber dazu führen, daß ich mich bemühe, meinem Gegenüber in einer Weise zu helfen, daß er diese Hilfe akzeptieren kann.

Wir müßten also das altbekannte Sprichwort «Der Klügere gibt nach» etwas abändern: «Der Klügere versteht und hilft», ohne uns aber auf unser Klügersein etwas zugute zu tun.

Die Vergangenheit vergessen (Schuldgefühle, Gewissensbisse, Selbstvorwürfe, Recht und Unrecht)

Natürlich ist damit nicht gemeint, daß wir die Vergangenheit völlig vergessen, sondern daß wir sie nur insofern vergessen sollen, um sie nicht zu mißbrauchen. Habe ich eine schöne Erinnerung, ist es gut. Doch kann ich selbstverständlich die schöne Erinnerung mißbrauchen und durch das Verweilen in der Vergangenheit mein Funktionieren in der Gegenwart in Frage stellen. Habe ich schlechte Erinnerungen, so ist es wichtig, diese festzustellen, daraus zu lernen, dann aber nicht mehr in die Vergangenheit zu blicken, weil auch das uns vom richtigen Tun, von der richtigen Bewegung in der Gegenwart abhalten kann. Typisch für diesen Blick in die Vergangenheit sind Schuldgefühle oder Gewissensbisse für irgend etwas, das wir falsch gemacht haben. Wir haben im allgemeinen eine falsche Vorstellung von Schuldgefühlen. Nietzsche sagte schon, daß Schuldgefühle unanständig seien, und Dreikurs formuliert: «Schuldgefühle sind der Ausdruck guter Absichten, die wir gar nicht haben.» Der Mechanismus von Schuldgefühlen ist ein ganz anderer, als man gewöhnlich glaubt.

Nehmen wir an, ich habe etwas Schlechtes getan und entwickelte deshalb Schuldgefühle. Schuldgefühle sind natürlich nicht angenehm, denn ein schlechtes Gewissen ist sicherlich kein gutes Ruhekissen. Ich sage mir dann, selbstverständlich unbewußt: «Ich habe wohl etwas Schlechtes getan, aber ich habe dafür gebüßt, denn ich leide unter meinen Gewissensbissen (sehr oft tut man sich noch etwas darauf zugute, indem man sich sagt, daß man wenigstens Schuldgefühle hat, während andere nicht einmal ihre Fehler feststellen. Daß man damit sich unbewußt das Gefühl der Überlegenheit erschleicht, wird einem selbstredend nicht klar).» Ich habe mich für das Schlechte sozusagen selbst bestraft. Damit mache ich einen Strich unter die Rechnung, die somit ausgeglichen ist, und werde bei nächster ähnlicher Gelegenheit wieder das Falsche oder Schlechte tun. Schuldgefühle verhindern das Bessertun, die tätige Reue.

Dasselbe gilt für Selbstvorwürfe. Einer, der sich über eine vergangene Tat selbst Vorwürfe macht, behandelt sich selbst so, wie dies ein schlechter Lehrer mit seinen Schülern macht. Selbstvorwürfe entmutigen uns, und wir werden damit immer mehr daran gehindert, das Richtige zu tun. Es kommt darauf an, den vergangenen Fehler festzustellen und sich dann vorzunehmen, das nächste Mal diesen Fehler etwas kleiner zu machen (siehe den nächsten Merksatz).

Zur Vergangenheit gehört auch die Feststellung, ob das was man getan oder gesagt hat, recht oder unrecht war. Das ist ein typisches Vorgehen, welches das Zusammenleben der Menschen so sehr erschwert. So wichtig und auch richtig die Untersuchung, ob recht oder unrecht, bei Gruppen, d. h. im Zusammenleben vieler Menschen sein mag, so unrichtig ist es psychologisch, beim Zusammensein von Individuen Recht zu finden und Recht zu sprechen, solange noch Übereinstimmung und Liebe bestehen.

Wie das Beispiel der Auseinandersetzung zwischen Mann und Frau auf S. 67 zeigt, soll das Recht den Menschen und ihrem Zusammenleben dienen. Sich oder andere zum Sklaven des Rechts zu machen, ist ebenso unzulässig wie der Mißbrauch des Rechts, um sich über andere zu erheben.

4 *Selbst*

Fehler nicht vermeiden wollen, sondern aus größeren Fehlern kleinere machen

Mensch sein heißt Fehler machen. Solange wir versuchen, unsere Fehler zu vermeiden, entmutigen wir uns selbst, weil wir es doch nicht fertigbringen. Wir sind grundsätzlich keine Perfektionisten. Wir brauchen den Mut zur Unvollkommenheit.

Da wir Fehler doch nie ganz vermeiden können, empfehlen wir die Politik der kleinen Schritte. Wir wollen also aus größeren Fehlern kleinere machen. Ich habe zum Beispiel irgend etwas schlecht oder falsch gemacht, was aber kein Grund zur Aufregung ist. Schließlich bin ich nur ein Mensch. Aber das nächste Mal will ich es ein bißchen besser machen. Dieser Schritt zur Besserung sollte nicht zu groß genommen werden. Wenn ich das Ziel, das ich mir gesetzt habe, nämlich das nächste Mal etwas ein wenig besser zu machen, erreicht habe, dann sollte ich dies aber auch als Erfolg sehen wollen. Nur auf diese Weise ist es möglich, die positive Aufwärtsspirale in Gang zu setzen. Der kleine Erfolg ermutigt mich, auch das nächste Mal wieder einen kleinen Erfolg erreichen zu können.

Noch einmal: Wir brauchen den Mut zur Unvollkommenheit.

Das Wort «muß» vergessen

Vor längerer Zeit sah ich in einem amerikanischen Psychologiebuch zwei einander gegenübergestellte Bilder. Auf dem einen Bild schleppte sich eine Kinderschar mühsamen Schrittes durch den Schnee. Offensichtlich hatten sie in dem im Hintergrund sichtbaren Wald Holz gesammelt und trugen es verdrossenen Gesichtes heim. Auf dem zweiten Bild waren es dieselben Kinder und dieselbe Landschaft, aber die Kinder hatten doppelt soviel Holz aufgeladen und hüpften und sprangen froh und singend heim. Unter dem ersten Bild stand: «Kinder, ihr müßt heute Holz holen!» Unter dem zweiten Bild hieß es: «Kinder, heute dürft ihr in den Wald und

Holz holen!» (Vergleiche Dreikurs, Challenge of Parent hood)

Natürlich genügt es bei der Kindererziehung nicht, einfach das Wort «muß» durch das Wort «darf» zu ersetzen, sondern es sollte auch die richtige Einstellung dahinter stehen.

Grundsätzlich sind wir durch die immer noch zu wenig demokratischen Erziehungsmethoden gegenüber dem «muß» äußerst empfindlich. Keiner läßt sich gern befehlen. Befehle sollten durch Vorschläge ersetzt werden. Auch sich selbst sollte man keine Befehle geben. In der Selbsterziehung kann man tatsächlich aus jedem «Muß» ein »Darf» machen, wenn ich bereit bin, meine positiven Augen einzusetzen. Ich mache mich damit frei von der üblichen Sklavengesinnung unserer Zeit, aus der heraus ich viele Dinge nur deshalb tue, weil ich dahinter das Muß spüre. Ich stehe früh auf, weil ich zur Arbeit «muß». Das bedeutet aber, daß ich schon beim Aufstehen mit mir selbst kämpfe. Manche glauben besonders schlau zu sein, indem sie ihren Wecker einige Minuten zu früh stellen, und «genießen» es, mit Hilfe dieser Kriegslist noch einige Minuten in der Geborgenheit und Wärme des Bettes bleiben zu können, ehe sie ins feindliche Leben hinaustreten.

Damit machen wir es uns nur selber schwer. Denn Aufstehen kann zur Freude werden, wenn ich positive Augen und positive Erwartungen habe. Viele stehen täglich mühsam und mürrisch auf. Wenn sie aber im Urlaub sind, freuen sie sich auf das Schöne, was sie erwartet, und stehen gern noch früher auf als sonst, womöglich noch mit einem Freudensprung! Das Leben ist voller Beispiele, die uns zeigen, wie abhängig wir uns oft von äußerem Zwang machen, ohne dessen richtig gewahr zu werden. Dabei ist es gar nicht so schwer, unabhängiger zu werden und zur inneren Freiheit zu finden. Daß dies auch unter erschwerten Bedingungen möglich ist, zeigt folgendes Beispiel:

Es war im Krieg, als eine kleine Gruppe von Soldaten auf freiem Feld plötzlich von Jagdbombern mit Bordwaffen angegriffen wurde. Sie warfen sich flach auf den Boden, da nicht der geringste Schutz sich bot, keine Bodenwelle, kein Strauch, nichts. Die Kugeln peitschten die Erde, und die Soldaten lagen voll Angst da, in der Erwartung, jederzeit getroffen zu werden. Nur einer kümmerte sich nicht darum, was um ihn herum geschah, nachdem er festgestellt hatte, daß er im Augenblick – äußerlich gesehen – nichts machen konnte. Aber direkt vor seiner Nase sah er ein kleines Pflänzchen aus der Erde kommen und erfreute sich des zarten frischen Grüns – es war im März – und der feingliedrigen Verästelung.

Äußerlich lag er genauso wie die anderen da, aber er machte Gebrauch von der inneren Freiheit. In diesem Augenblick war er nicht nur frei von Angst, sondern auch frei zur Freude.

Die Wörter «schwierig», «versuchen» und «hoffen» vergessen

Wenn ich etwas vorhabe, das nicht einfach ist, und mir immer wieder vorsage und vorstelle, wie schwierig es ist, dann wird es für mich noch schwieriger. Der Gedanke an die Schwierigkeit lähmt nicht nur meine Tatkraft, sondern verringert auch den Glauben an Erfolg. Wenn ich dagegen grundsätzlich davon ausgehe, daß das Leben natürlich auch seine Schwierigkeiten hat, daß es sich aber nicht auszahlt, deshalb negative Erwartungen zu hegen oder ihnen gar noch Ausdruck zu verleihen, dann gehe ich mit mehr Zuversicht an die Aufgaben, die mir das Leben stellt. Damit wird auch der Erfolg viel wahrscheinlicher.

Dies gilt auch für das Wort «versuchen». Wenn der Leser dieses Buches sich sagt, daß er versuchen will, mit den Methoden zur Selbsterziehung zu arbeiten, dann hat er schon zu viele Zweifel in sich, die den Erfolg der Methoden in Frage stellen. Er sollte deshalb nicht versuchen, damit zu arbeiten, sondern er soll sie einfach anwenden und nicht von vornherein auf den Erfolg schielen. Jeder Geschäftsmann muß etwas investieren, ehe er ein Geschäft machen kann. Ehe er etwas verkaufen kann, muß er es eingekauft haben. Und das, was wir brauchen, ist ein kleines Anfangskapital an Vertrauen und Glauben.

Das dritte Wort, das wir zu vergessen empfehlen, wenn man etwas vorhat, ist «hoffen». Hoffen bedeutet immer einen Mangel an Glauben. Wenn ich etwas glaube, dann bin ich dessen gewiß. «Der Glaube versetzt Berge.» Hoffen heißt ungewiß sein, Zweifel haben. Im Glauben ist die positive Kraft der Erwartung größer als im Hoffen. Solange wir glauben können – und das sollte bei der Selbsterziehung immer möglich sein – ist das Hoffen zu entbehren.

VII Hingabe an die Aufgaben des Lebens

Die klassischen drei Lebensaufgaben sind Arbeit
und Beruf, Liebe und Ehe sowie die Gemeinschaft.
In allen drei Aufgaben haben wir unseren Mann
zu stellen. Gelingt dies nicht, dann liegt sehr wahrscheinlich eine neurotische Fehlhaltung vor. Wir wollen deshalb die einzelnen Aufgaben kurz bespre-
chen.

1 *Arbeit und Beruf*

Dies ist die Aufgabe, deren Erfüllung den meisten
irgendwie gelingt, weil ein Versagen vor den anderen Menschen kaum zu verbergen ist. Das Versagen
in den beiden anderen Lebensaufgaben dagegen
kann meist mit mehr oder weniger Erfolg verheim-
licht werden.
Die Art der Lösung dieser Lebensaufgabe hängt
stark mit unserer Einstellung zu ihr zusammen. Infolge unserer veralteten Methoden der Kindererziehung wird Arbeiten sehr oft mit dem Wort «muß»

verknüpft. Jedes kleine Kind will von allem Anfang an der Mutter helfen, wenn es die Mutter arbeiten sieht. Es kommt zum Beispiel in die Küche, wo die Mutter gerade mit dem Geschirrspülen beschäftigt ist. Natürlich will es helfen, aber der Mutter graust es in dem Gedanken, daß dabei Geschirr zerbrochen wird. Außerdem weiß sie, daß diese Hilfe noch keine echte Hilfe für sie ist, sondern im Gegenteil ihr noch Zeit wegnimmt. Also wimmelt sie ihr Kind ab und entmutigt es mit solchen Worten: «Das kannst du noch nicht, aber wenn du größer bist . . .»

Wenn das Kind dann so groß ist, daß seine Hilfe eine echte Hilfe für die Mutter sein könnte, dann will das Kind nicht mehr. Hierauf wird es gezwungen, es «muß»! So früh wird also der Grund zur falschen Einstellung zum Arbeiten gelegt. Diese falsche Einstellung wird noch verstärkt, wenn die Mutter in Gegenwart ihrer Kinder über die Last der Hausarbeit stöhnt. Der Vater macht es aber meist auch nicht besser, wenn er abends heimkommt und von der Tagesarbeit «erledigt» ist.

Theodor Mommsen sagte einmal: «Wenn der Mensch keinen Genuß mehr in der Arbeit findet und bloß arbeitet, um so schnell wie möglich zum Genuß zu gelangen, so ist es nur ein Zufall, wenn er kein Verbrecher wird.» Und Voltaire meinte: «die Arbeit hält drei große Übel fern: die Langeweile, das Laster und die Not.» Je höher die Kultur, desto ehrenvoller wird die Arbeit (Roscher). Bekannt ist Luthers Ausspruch: «Wer treu arbeitet, betet doppelt . . .» Und nach Unamuno ist die Tätigkeit eines Menschen sein wahrer Gottesdienst, und das wahre Gebet eines gläubigen Schuhmachers besteht darin, daß er gute Schuhe macht, in denen seine Mitmenschen keine Hühneraugen bekommen. In der jüngsten Religion, der Bahá'i-Religion, wird die im richtigen Sinne getane Arbeit dem Gottesdienst gleichgesetzt.

Arbeit soll demnach nicht nur Lebensunterhalt, sondern Lebensinhalt sein.

2 Liebe und Ehe

In dieser Lebensaufgabe versagt die Mehrzahl der Menschen unserer Zivilisation. Ein Psychologe stellte einmal etwas bissig fest, daß es heute zwei Arten der Ehe gäbe, die schlechte gute Ehe und die gute schlechte. Unter der ersteren versteht man Partner, die oft miteinander streiten, dann aber immer wieder zusammenfinden, während in der guten schlechten Ehe die Partner den Anschein nach außen wahren, sich in Wirklichkeit aber nichts mehr zu sagen haben. Sie leben nicht mehr miteinander, sondern nebeneinander.

Ganz so einfach ist es natürlich nicht, doch gibt es einige Erscheinungen, die den «Kampf der Geschlechter» zeigen. Dazu gehört die immer mehr steigende Zahl der Ehescheidungen. In der Bundesrepublik sind es zur Zeit etwa zweihundert jeden Tag, in den USA gar erfolgt jede Minute eine Scheidung. Ein anderes Zeichen ist die Zahl der unehelichen Geburten. In der Bundesrepublik sollen gegenwärtig etwa eine Million unehelicher Kinder leben, in den USA kommen jetzt im Jahr 350 000 zur Welt, mehr als 40% davon von Müttern zwischen fünfzehn und neunzehn Jahren. Frühehen, in denen der Mann oder beide Partner unter 21 Jahren sind, können als weiteres Kennzeichen an-

133

gesehen werden. Fünfzig Prozent der Frühehen werden innerhalb von fünf Jahren geschieden.

Das Zusammenleben in «wilder Ehe», Partnertausch, Gruppensex sind weitere verzweifelte Versuche entmutigter Menschen, denen die Lösung dieser Lebensaufgabe zu schwer erscheint.

Woher kommen diese Irrungen und Verwirrungen? Wie alle Schwierigkeiten unserer Zeit rühren sie von der Glaubenslosigkeit her. Wenn man an sich selbst nicht glaubt, kann man auch nicht an den Partner glauben.

Wenn man nicht an die anderen, die Gemeinschaft glaubt, kann man auch nicht an ihre Gesetze und Einrichtungen glauben. Die Monogamie (Einehe) ist und bleibt die beste Lösung für diese Lebensaufgabe. Sie entspricht der tiefen Sehnsucht jedes Individuums, sich ganz zu einem anderen zugehörig zu fühlen.

Mit der Glaubenslosigkeit verbunden ist ein anderes Problem unserer Zeit, nämlich die mangelnde Gleichwertigkeit der Geschlechter. Die soziale Gleichwertigkeit von Frau und Mann existiert bis heute nur in den Gedanken oder auf dem Papier. In Wirklichkeit sind wir auch heute, selbst in den in dieser Hinsicht fortschrittlichsten Staaten, noch weit davon entfernt.

Ein weiteres Problem der Gegenwart, nämlich die mangelnde Erkenntnis, in diesem Falle des Unterschieds zwischen Liebe und Sex, spielt bei den oben geschilderten Schwierigkeiten eine Rolle. Sexualität ist nur ein Element der Liebe, das – wie auch der menschliche Körper – seinen Platz auf der Tierstufe hat, auch wenn sich die menschliche Sexualität grundsätzlich von der tierischen unterscheidet (Dreikurs, «Die Ehe – eine Herausforderung»).

Sexualität sollte der Liebe dienen und nicht Selbstzweck werden im Dienste der Lust. Echte Liebe muß gelernt werden. Ohne Mut und Gemeinschaftsgefühl ist Liebe nicht möglich. «Die Liebe ist ein Licht, das niemals in einem furchtsamen Herzen wohnt» (Bahá'u'lláh). Die wirklich umfassende Liebe unter den Menschen muß auch das Geistige mit einbeziehen. Geistigkeit ist der Mangel an Ichhaftigkeit. «Die Liebe ist eine Kraft, welche das giftigste Unkraut tötet im Herzen der Menschen» (Gotthelf). Nur der geistige Mensch kann sich ganz hingeben, ohne sich zu verlieren.

Die Sexualität wird heute deshalb so wichtig genommen, weil sie ein ungelöstes Problem ist. Von den Erwachsenen wird sie als Mittel mißbraucht, um das nagende Gefühl der Sinnlosigkeit ihres Lebens, ihr Versagen und ihre Minderwertigkeitsgefühle zu betäuben, von der Jugend als Waffe in ihrer Rebellion gegen die Erwachsenenwelt. Nicht zu vergessen ist das Gewinnstreben von einzelnen und Gruppen. Sexualität kam ins Geschäft, so daß heute schon eine Industrie dahintersteckt.

In diesem Zusammenhang sei kurz auf die oft gestellte Frage nach dem vorehelichen Geschlechtsverkehr eingegangen. Es ist keine veraltete Ansicht, sondern – was die praktische Anwendung betrifft – eine ganz neue, daß das Geschlecht dem Menschen und nicht der Mensch dem Geschlecht dienen soll. Es gibt nichts, was für den Geschlechtsverkehr vor der Ehe sprechen könnte. Dagegen sprechen aber viele Punkte:

Nicht-warten-Können, Nicht-hintenanstehen-Wollen sind Folgen des modernen verwöhnten Lebensstils. Selbstüberwindung wird nicht geübt, so daß man nicht stärker wird, sondern entmutigter und oberflächlicher.

«Einmal ist keinmal». Man nimmt den Geschlechtsverkehr immer weniger wichtig, man geht miteinander ins Bett wie man miteinander in die Eisdiele geht, was in der Ehe zu vermehrter Untreue führen kann.

Die Gefahr sexueller Krankheiten, die in einem ungeheuren Maße zunehmen, wobei die erprobten Medikamente mehr und mehr versagen.

Der Ehe wird etwas Wesentliches genommen, wenn die sexuellen Kräfte nicht für den Lebenspartner aufgehoben werden.

Das negative Beispiel trägt zur Veränderung der allgemeinen Moral bei.

Nach dem ersten Geschlechtsverkehr ist man ein anderer.

Wenn man den sexuellen Genuß außerhalb der Ehe erleben kann, mag die Ehewilligkeit kleiner werden.

Die Fähigkeit, in der Ehe zu einer Einheit mit dem geliebten Partner zu gelangen, verringert sich.

Die Erlebnisfähigkeit in der Ehe wird kleiner. Der den üblichen Orgasmus übersteigende absolute Höhepunkt des völligen Ineinander-Aufgehens, des sich ganz Ineinander-Verströmens wird – wenn überhaupt – viel seltener erlebt.

Die Gefahr des Vergleiches der verschiedenen sexuellen Partner.

Die Pille nimmt wohl die Angst vor möglichen Folgen des Geschlechtsverkehrs zum größten Teil weg, aber nicht die Angst vor den Folgen der Pille. Trotz gegenteiliger Informationen von medizinischer Seite stellt die Pille einen Eingriff dar, dessen Folgen immer noch nicht hundertprozentig überschaubar sind. Weil die Pille verschieden auf die Frauen wirkt und viele Frauen schlecht darauf reagieren, wird ja empfohlen, den Arzt hinzuzuziehen.

Die Stimme des Gewissens kann nicht völlig ausgeschaltet werden. Das falsche Tun wird nicht dadurch richtiger, daß eine immer größere Anzahl von Menschen es tut.

Die Weigerung, sich auf Lebenszeit an den Partner zu binden, ruft ein oft unbewußtes Mißtrauen hervor, so daß das gewünschte Vergnügen häufig nur oberflächlich oder gar nicht eintritt.

Die Beteiligung aller drei Seinsstufen (Körper + Seele + Geist) wird nicht so wichtig genommen, so daß die persönliche Entwicklung erschwert und der Fortschritt verlangsamt wird.

Zur Lösung der durch den Verzicht auf den vorehelichen Geschlechtsverkehr oft bestehenden «sexuellen Not» sehen wir folgende Möglichkeiten:

Training mit unseren Methoden der Selbsterziehung

Lernen, Arbeiten, Aktivität

Auseinandersetzung mit geistigen Werten (zum Beispiel Religion)

Die frühe Ehe.

Im Gegensatz zur Frühehe spricht sehr viel für die wohl infolge der immer länger werdenden beruflichen Ausbildung oft erschwerten frühen Ehe:

Der Elan der Jugend

Die unverbrauchte Kraft der Frau

Die größere Anpassungsfähigkeit der Jugend

Die dadurch bedingte bessere Möglichkeit des Zusammenwachsens der Partner

Überwindung der Sexualität als Problem

Der Wille zur Ehe gegenüber dem freien Verhältnis mit dessen negativen Folgen

Die Großeltern erleben ihre Enkel noch als Erwachsene.

Um zu einer frühen Ehe raten zu können, sollten folgende Voraussetzungen erfüllt sein oder werden:

Ein klarer Lebensplan in Schule, Ausbildung und Beruf

Die Verbindung mit dem Elternhaus sollte in Ordnung sein, so daß auf der einen Seite die Eltern bereit sind, nicht nur seelische, sondern auch materielle Hilfe weiter zu geben, auf der anderen Seite die Jungen diese Hilfe auch annehmen, ohne sich deshalb abhängig oder gar gedemütigt zu fühlen.

Ordnung im Äußeren (Wohnung, Möbel, Kleidung)

Ordnung im Inneren, nämlich Festigkeit im Charakter, Warten und Verzichten können, das Anderssein des Partners akzeptieren, Unabhängigkeit von fremden Einflüssen und Vorurteilen.

Die anderen Lebensaufgaben sollten gelöst oder wenigstens auf dem Weg zur Lösung sein.

Die Ehe dient nicht in erster Linie der Lösung bestehender Probleme, sondern stellt eine neue gemeinsame Aufgabe dar, die nur mit Hilfe der «positiven Augen» und des Glaubens an sich selbst und seinen Partner gelöst werden kann.

Aber auch die Liebe wird mißbraucht. Wir brauchen nur an die sogenannte romantische Liebe zu denken, die heute infolge ihrer Überschätzung am Anfang so vieler menschlicher Verbindungen steht, die später in die Brüche gehen. Denn oft ist sie nur der Tagtraum entmutigter Menschen, die durch sie hoffen, der Wirklichkeit entfliehen zu können. Liebe wird so zur Droge.

Die romantische Liebe ist nicht an sich schlecht, sondern nur dann, wenn außer ihr nichts anderes eine Rolle spielt, weder Vernunft noch gesunder Menschenverstand noch die Meinung der Eltern. Es sind nicht nur gewinnsüchtige und erkenntnisarme Gruppen, die oft hinter den Filmen, dem Fernsehen und Radio, den Zeitschriften und Romanen stehen und die romantische Liebe verherrlichen, sondern auch anerkannte Literatur, die ihr recht zu geben scheint.

Als Beispiel mögen die Worte Hugo von Hofmannsthals in der von Richard Strauß vertonten Oper «Arabella» dienen: «Aber der Richtige – wenns einen gibt für mich auf dieser Welt –, der wird einmal dastehen, da vor mir und wird mich anschauen und ich ihn, und keine Zweifel werden sein und keine Fragen ...». Es ist schön, von einer solchen romantischen Liebe zu träumen. Warum sollen wir uns nicht einmal derartigen Stimmungen hingeben? Wenn wir aber von diesem Traum erwachen, sollten wir unsere moderne Erkenntnismöglichkeit wieder einschalten. Denn den Richtigen für uns gibt es nicht auf dieser Welt, sondern es sind Hunderttausende des anderen Geschlechts, die zu uns passen, wenn wir bereit sind, beizutragen, Verantwortung zu übernehmen, uns mit «positiven Augen» auf den anderen einzustellen, in seinem Interesse das Beste aus ihm herauszuholen, eher zu geben als zu nehmen, unsere Interessen in seine Hände zu legen und ihn zu fördern zu trachten.

«Vertrauen und Achtung sind die beiden unzertrennlichen Grundpfeiler der Liebe, ohne welche sie nicht bestehen kann» (Kleist). Dies können wir ganz nur durch die soziale Gleichwertigkeit von Frau und Mann erreichen. Im Geistigen gibt es keine Unterschiede der Geschlechter. «Die Menschheit gleicht einem Vogel mit seinen zwei Schwingen: Die eine ist das männliche, die andere das weibliche Geschlecht. Sofern nicht beide Schwingen stark sind und durch eine gemeinsame Kraft bewegt werden, kann sich der Vogel nicht himmelwärts schwingen» ('Abdu'l-Bahá).

Ob man zu seinem Partner richtig eingestellt ist oder nicht, kann man daraus ersehen, ob man mehr negative Seiten an ihm wahrnimmt. Um dies festzustellen, nehmen Sie bitte Papier und Bleistift und beantworten sich selbst folgende vier Fragen, wobei Sie die Antworten, die spontan und ohne lange Überlegung erfolgen sollen, sich notieren:

a) Was schätze ich an meinem Partner, was mag ich an ihm, was habe ich gern?

b) Was beanstande ich an ihm, was stört mich an ihm, was habe ich nicht so gern?

c) Was schätzt wohl mein Partner an mir?

d) Was beanstandet er an mir?

Bitte fragen Sie bei den beiden letzten Fragen nicht vorher ihren Partner, sondern beantworten Sie sie, wie Sie es gerade glauben. Wenn Ihnen nichts mehr einfällt, dann vergleichen Sie die Plus- und Minuspunkte. Numerieren Sie sie, damit Sie sehen, welche überwiegen. Wenn das Positive am Partner überwiegt, dann haben Sie die richtige Einstellung. Hat er aber mehr Minuspunkte, dann ist es höchste Zeit, Ihre Augen positiver zu machen. Auf jeden Fall aber können Sie mit Hilfe unserer Methoden

140

an sämtlichen Minuspunkten arbeiten, besonders natürlich an den eigenen. Sollten Sie nicht verstehen, was Ihr Partner an Ihnen überhaupt findet, so daß Sie vielleicht gar keine eigenen Pluspunkte notiert haben, dann ist es höchste Zeit, mit unseren Methoden an Ihrem Selbstvertrauen zu arbeiten.

3 Die Gemeinschaft

Mit der Natur

Der Mensch ist ein Teil der Schöpfung. Er ist mit der Schöpfung verbunden. Auch wenn er als Krone der Schöpfung betrachtet wird und, einmal ins Leben gerufen, sich nicht mehr bestimmen lassen muß, so ist er doch von der Schöpfung abhängig. Zum Beispiel könnte er ohne Licht und Wärme der Sonne nicht existieren. Es ist deshalb seine Aufgabe, sich mit der Natur und den Dingen auseinanderzusetzen und Stellung dazu zu beziehen. Wenn er es nicht tut, besteht der Verdacht, daß er zu sehr an sich selbst zweifelt und glaubt, nicht genügend Kraft und Zeit für die Beschäftigung mit dem Mineral-, Pflanzen- und Tierreich zu haben.

Da der Mensch alles mißbrauchen kann, so vermag er die Zuwendung zur Natur zu übertreiben. Er ist dann zum Beispiel so sehr an Tieren interessiert, daß er darob den Mitmenschen vergißt. Seine unzureichende Erklärung dafür (Rationalisierung) mag die Enttäuschung an den Menschen sein.

Mit den Menschen

Kein Mensch wird Mensch ohne andere Menschen. Wir lernen durch andere, von anderen und mit anderen. Wie wichtig diese Aufgabe des Zusammenlebens mit anderen in Freundschaft, Kameradschaft und Gesellschaft ist, dürfte hinreichend bekannt und akzeptiert sein. Der Mensch als soziales Wesen braucht das Gefühl der Zugehörigkeit nicht nur in Arbeit und Ehe. Wenn zum Beispiel Ehepartner keine gemeinsamen Freunde haben, so ist nicht nur zunehmende Vereinsamung, sondern auch eine Art innerer Verarmung die Folge.

Mit den Werken der Menschen: Wissenschaft und Kunst

Was die Anzahl der Wissenschaftler anbelangt, sollen heute neunzig Prozent aller Wissenschaftler leben, die die Menschheit seit Anbeginn hervorgebracht hat. Die Folge davon ist, daß die Gesamtmenge des Wissens der Menschheit seit etwa 1950 lawinenartig zunimmt. Bereits 1975 soll sich diese Wissensmenge alle drei Monate verdoppeln!
Die Größe der Wissensmenge führt zur Spezialisierung. Der spezialisierte Wissenschaftler will Anerkennung in wissenschaftlichen Kreisen. Es gehört zum Prestige des Wissenschaftlers, daß er etwas veröffentlicht haben muß. Dies kann zur Veröffentlichungssucht führen. Sowohl die Wissensmenge als auch die Spezialisierung erschwert den Überblick. Der mangelnde Überblick verhindert die Erkenntnis des größeren Zusammenhangs und Sinns, eine Gefahr, der wir bei den Studierenden öfters begegnen,

zumal die moderne Wissenschaft nicht selten mit Naturwissenschaft gleichgesetzt wird. Man versucht dann sogar das seelische und geistige Sein des Menschen, das doch über den körperlichen Stufen der Minerale, Pflanzen und Tiere steht, mit naturwissenschaftlichen Methoden anzugehen.

Die großen Wissenschaftler allerdings gelangen fast immer zur Ganzheit und Einheit auch in der Schöpfung: Einsteins Relativitätstheorie stellte die Raum-Zeit-Einheit (Verbindung zwischen Raum und Zeit) her. Plancks Quantentheorie führte zur Ganzheit des Universums, zur Einheit von Materie und Energie. Louis de Broglie sah die Einheit von Korpuskular- und Wellentheorie des Lichts. Schroedingers Wellenmechanik und Bohrs Komplementaritätsprinzip führte zur Überwindung des Dualismus. «Nicht Tag und Nacht sind das Ausschlaggebende, sondern die Sonne, nicht Korpuskel und Welle sind entscheidend, sondern das Licht, nicht auf Gut und Böse kommt es an, sondern auf den Menschen» (Gebser).

Auch in der Kunst sehen wir das Suchen nach dem Neuen, was zu interessanten Erscheinungen, aber auch zu Fehlentwicklungen geführt hat. Ein Problem besteht darin, daß die Kunst Über-Materielles ausdrücken will, aber des Materiellen bedarf, um es ausdrücken zu können. Die Wissenschaft kommt vom Verstand, in der Kunst sind Emotion und Intuition oft wichtiger. Der wahre Wissenschaftler und Künstler gebraucht alle menschlichen Kräfte und Funktionen, so daß er in der Erkenntnis – die mehr als Wissen ist – seiner Zeit oft weit voraus ist.

Allein schon deshalb sollte sich jeder Mensch um die Kunst und ihr Verständnis bemühen. Sie ist nicht nur zur «Erbauung» da. Es muß als Mißbrauch angesehen werden, wenn die Kunst nur «konsumiert» wird. Hierher gehört zum Beispiel das bloße Schwelgen in Tönen und den dadurch hervorgerufenen Gefühlen. Mißbrauch seitens des Künstlers liegt dann vor, wenn er mit seiner Kunst auffallen und sich damit interessant machen will.

Mit sich selbst

Der Umgang mit sich selbst ist heute keine Selbstverständlichkeit, sondern eine echte Aufgabe. In diesem Punkt ist keiner eine Naturbegabung, denn es gibt im Augenblick gewiß nicht viele, die sagen können, mit sich selbst im Frieden zu leben. Irgendwie sind wir immer beim Kämpfen, was sich in unendlich vielen Symptomen zeigt, vom Unglücklichsein bis zur Schlaflosigkeit, von der Nervosität bis zur Angst, von der Müdigkeit bis zur Verkrampfung, von der Kontaktschwäche bis zur Willensschwäche, vom Sich-nicht-entscheiden-Können bis zu den Schuldgefühlen.

Da es als eine Hauptaufgabe dieses Büchleins über Selbsterziehung angesehen wird zu lernen, besser mit sich selbst zusammenzuleben, wird an dieser Stelle nicht weiter auf diese Lebensaufgabe eingegangen. Denn sie zieht sich wie ein roter Faden durch alles hindurch.

Mit dem Geistigen, der Religion

Was ist das Geistige? Wie wir beim Stufendenken gesehen haben, ist der Geist ein Teil des Menschen, eine Stufe, an der der Mensch Anteil hat und um die er sich bemühen kann. Geistigkeit als Gegenteil der Ichhaftigkeit sollte unser Ziel sein. Der Weg von der Ichhaftigkeit zur Geistigkeit ist die Vergeistigung.

Das Geistige läßt sich schlecht in Worte fassen. Wir brauchen dazu Gleichnisse und Symbole von einer tieferen Stufe, was aber immer nur zu den bekannten «hinkenden» Vergleichen führen kann. Es fehlt uns im Augenblick noch die genügende Erkenntnis des Geistigen, so daß wahrscheinlich noch kein Mensch dem anderen sagen kann, was das Geistige eigentlich ist. Es wird deshalb versucht, Geistigkeit als Haltung in Abhebung zur Ichhaftigkeit in Beispielen zu beschreiben (s. Alexander Müller, «Du sollst ein Segen sein»):

Ichhaftigkeit → Vergeistigung → *Geistigkeit*

Ichhaftigkeit	Geistigkeit
Ich habe recht	Übereinstimmung mit meinem Bruder
Ich kritisiere meinen Bruder	Ich liebe ihn
Ich schaue auf seine Fehler	Ich schaue auf seine guten Seiten
Ich verurteile ihn	Ich unterscheide Tat und Täter
Ich ärgere mich über ihn	ich will ihm helfen
Ich streite oder gebe nach	Ich will ihn verstehen
Ich reagiere	Ich handele aus eigener Entscheidung
Ich zeige meine guten Taten	Ich verberge sie
Ich verberge meine schlechten Taten	Ich gebe sie zu
Ich sehe Schwierigkeiten	Ich betrachte sie als willkommene Aufgabe

Ich fühle Zwang	Ich bestimme mich selbst
Ich will frei sein von etwas und mache mich dadurch abhängig	Ich gelange zur inneren Freiheit (zu etwas)
Ich bin Sklave meiner Gefühle, Stimmungen, Emotionen, Affekte	Ich bin ihr Herr
Ich werde persönlich	Ich bleibe sachlich
Ich richte mich nach der Vergangenheit	Ich lebe in der Gegenwart
Ich schaue nach Ursachen und Gründen	Ich blicke nach vorn
Ich sehe keinen Sinn	Das Leben und alles Geschehen ist sinnvoll
Ich überlasse es dem Zufall	Ich ordne und plane
Ich benütze meine private Logik	Ich gehe vom gesunden Menschenverstand und von der Logik des menschlichen Zusammenlebens aus
Ich bin Pessimist	Ich bin Optimist
Ich hoffe	Ich bin gewiß
Ich weiß, was andere tun sollen	Ich überlege, was ich tun kann
Ich habe Vorurteile	Ich forsche nach der Wahrheit
Ich sehe die Teile	Ich sehe das Ganze, die Einheit
Ich folge unbewußten Zielen, z. B. den vier Nahzielen und den Fernzielen meines Lebensstils	Ich setze meine Ziele mit dem Blick auf das Zugehörigkeitsgefühl, die bestmögliche Entfaltung und den Willen Gottes

146

Mein Maßstab ist:	Mein Maßstab: Ge-
überlegen – unterlegen	meinschaftsgefühl und
	Gottesfurcht
Ich mißbrauche Natur-	Ich gebrauche das Wort
und Menschenkräfte	Gottes
Ich bin der Welt	Ich bin losgelöst
verhaftet	
Ich zweifle	Ich glaube

A. S. Eddington sagte in «The nature of the physical world»: «Es ist schwierig für den materiellen Physiker, die Auffassung zu akzeptieren, daß die Grundlage von allem geistiger Natur ist. Aber... Geist ist das erste und direkteste Ding in unserer Erfahrung, und alles sonst ist entfernte Schlußfolgerung.» Und Max Planck vor Jahrzehnten auf einem Kongreß in Florenz: «Meine Herren, als Physiker, also als Mann, der sein ganzes Leben der nüchternsten Wissenschaft, der Erforschung der Materie diente, bin ich sicher von dem Verdacht frei, für einen Schwarmgeist gehalten zu werden. Und so sage ich Ihnen nach meinen Erforschungen des Atoms dieses: Es gibt keine Materie an sich! Alle Materie entsteht und besteht nur durch eine Kraft, welche die Atomteilchen in Schwingung bringt und sie zum winzigsten Sonnensystem des Atoms zusammenhält... so müssen wir hinter dieser Kraft einen bewußten intelligenten Geist annehmen. Dieser Geist ist der Urgrund aller Materie. Nicht die sichtbare aber vergängliche Materie ist das Reale, Wahre, Wirkliche, sondern der unsichtbare unsterbliche Geist ist das Wahre! ... scheue ich mich nicht, diesen geheimnisvollen Schöpfer ebenso zu benennen, wie ihn alle alten Kulturvölker der Erde früherer Jahrtausende genannt haben: – Gott!»

147

Und zur Stellung des Menschen heißt es: «Der Mensch steht auf der höchsten Stufe der Materie und am Anfang der Geistigkeit» ('Abdu'l-Bahá, «Beantwortete Fragen»). Die in diesem Buch geschilderten psychologischen Methoden sollen dazu dienen, das Ziel der Vergeistigung zu erreichen. Sie sind als Ergänzung zu betrachten zu den bekannten Methoden des Dienens, Liebens, Erkennens, Betens und Meditierens.

In der Religion heißt es: «Mit welchen Mitteln kann nun der Mensch alles dieses erreichen? Wie kann er zu solchen Gaben und Kräften gelangen? Erstens: durch die Erkenntnis Gottes, zweitens: durch die Liebe zu Gott, drittens: durch den Glauben, viertens: durch Werke der Nächstenliebe, fünftens: durch Selbsthingabe, sechstens: durch Loslösung von den Dingen dieser Welt, siebtens: durch Reinheit und Heiligkeit ('Abdu'l-Bahá, «Göttliche Lebenskunst»).

Was ist Religion? Hierzu gibt es unzählige Begriffsbestimmungen: «Sekte, Kirche und Konfession sind Untergruppen innerhalb eines und desselben durch den gleichen Offenbarer bezeichneten Religionskreises, während verschiedene selbständige Religionen durch jeweils einen anderen unabhängigen Gottesoffenbarer gekennzeichnet sind» (Jockl).

Demnach dürfen wir Religion und Kirche nicht gleichsetzen.

Kant drückte dies so aus: «Es ist nur eine wahre Religion, aber es kann vielerlei Arten des Glaubens geben». Wir meinen also nicht die religiösen Systeme, die Konfessionen, Kirchen und Sekten, die die Menschen aus der einen Religion gemacht haben, sondern das, was die Religionsstifter persönlich als Offenbarer Gottes gelehrt haben, nämlich die ewige

Wahrheit Mose, Buddhas, Christi, Muhammads, des Báb und Bahá'u'lláhs.

Alle Religionen lehren, das Gute zu tun, großmütig, aufrichtig, wahrhaftig, gesetzestreu und ehrlich zu sein. Wenn wir also von der einen Religion sprechen, meinen wir sowohl das Gemeinsame in allen Religionen als auch jede Religion zu ihrer Zeit und für eine bestimmte Gruppe von Menschen.

Der englische Kulturhistoriker Toynbee schrieb: «Stellen wir uns die Religion als einen Triumphwagen vor, so sind die Räder, auf denen er gen Himmel rollt, die immer wiederkehrenden Zusammenbrüche der Kulturen auf Erden. Es hat den Anschein, als bewegten sich die Kulturen immer im Kreise herum, während die Religion einen einzigen stetigen Weg nach oben verfolgt. Dieser ununterbrochene Aufstieg der Religion kann unterstützt und gefördert werden durch die Bewegung der Kulturen in ihrem Kreislauf: Geburt, Tod, Wiedergeburt.»

Diese Überlegungen gehören in den Rahmen der Selbsterziehung, denn Schiller meinte: «Alles wankt, wo der Glaube fehlt.» Und Goethe: «Alle Epochen, in welchen der Glaube herrscht ... sind glänzend, herzerhebend und fruchtbar für Mitwelt und Nachwelt. Alle Epochen dagegen, in welchen der Unglaube einen kümmerlichen Sieg behauptet, verschwinden vor der Nachwelt, weil sich niemand gern mit Erkenntnis des Unfruchtbaren abquälen mag.»

Die Glaubenslosigkeit ist das größte Übel unserer Zeit. Es fehlt der Glaube an die Kinder, was zu deren Entmutigung und Ichhaftigkeit führt,

der Glaube an sich selbst mit den Folgen der Minderwertigkeitsgefühle und Hemmungen, des Perfektionismus und des Recht-haben-Wollens,

der Glaube ans Lernen,
der Glaube an andere. Ergebnis: Aggressionen, Kontaktscheu, Depressionen, Konkurrenz unter den Menschen.
Es fehlt der Glaube an die Arbeit, die als «muß» empfunden wird,
der Glaube an Liebe und Ehe,
der Glaube an die Natur,
der Glaube an die Zukunft und den Sinn des Lebens, was zu Angst und Pessimismus führt,
der Glaube an das Geistige, an Gott.
Theodor Mommsen sagte: «In dem Glauben an die Ideale ist alle Macht wie alle Ohnmacht der Demokratie begründet.» Und Ludwig Börne: «Was ist selbst der glücklichste Mensch ohne Glauben? Eine schöne Blume in einem Glas Wasser, ohne Wurzel und ohne Dauer.»

VIII Praktische Beispiele und Fälle

1 *Sprech- und Arbeitsschwierigkeiten*

Ein junger Mann, sehr unsicher und gehemmt, voller Ängste, ist als kaufmännischer Angestellter sehr unzufrieden. Sein Hauptsymptom: eine sehr stockende Sprechweise, besonders in Situationen, wo er nicht Herr der Lage zu sein glaubt. Er öffnet dann den Mund, und man wartet vergebens, daß etwas herauskommt.

In der Kindheit ließ er sich stark entmutigen. Er stand mit dem vier Jahre älteren Bruder in Konkurrenz, der Mutters Liebling war und durch seine praktischen Fähigkeiten zu Hause am meisten half. Der neun Jahre ältere Bruder, Vaters Liebling, war der gute Sohn, der in der Schule und auch mit Freunden erfolgreich war. Er betrachtete ihn als sein unerreichbares Vorbild. Auf den wichtigsten Gebieten, Gutsein zu Hause und in der Schule sowie Freundschaften herrschten also die Brüder. Für ihn blieb das Musische übrig. In seiner Freizeit widmete er sich aktiv der Musik und bildenden Kunst.

Auch die Eltern trugen zu seiner Entmutigung bei, die weiche und nachgiebige Mutter, die ihn als Jüngsten verwöhnte sowie der außerordentlich autoritäre Vater.

In seinen frühesten Erinnerungen erlebt er zuerst eine scheußliche Angst um seine Eltern und den helfenden und tröstenden Großvater, der ihn zu seinen Eltern führt. In der zweiten Erinnerung ist er mit seiner Mutter beim Arzt, vor dem er eine fürchterliche Angst hat. In der dritten Erinnerung ist er allein und «muß» schlafen. Er rebelliert dagegen, aber nur passiv, indem er aufsteht und umhergeht, ohne daß es jemand merkt.

In seinen Träumen zeigt er durch Fliegen seinen Ehrgeiz und durch Fallen sein Gefühl, keinen richtigen Platz zu haben. Er wird verfolgt und kann nicht so rennen wie er will. Wie schwierig ist das Leben und wie wenig kann er tun! Nicht einmal weglaufen! Selbstverständlich gehören auch Verlegenheitsträume zu seinem «Repertoire», die Angst, sich eine Blöße zu geben!

Sein Lebensstil könnte etwa folgende Seiten aufweisen:

a) Ich bin ein kleiner Junge und von der Natur nicht besonders gut ausgerüstet.

b) Ich kann mir nicht vorstellen, jemals so ein richtiger Mann zu werden.

c) Das Leben ist schwierig und

d) ich bin auf die Hilfe anderer angewiesen.

e) Dabei muß ich jedoch vorsichtig sein, denn

f) die Welt ist schlecht und ungerecht und

g) meint es nicht immer gut mit mir ...

Fünf Wochen, nachdem er seinen Lebensstil kennengelernt und mit den Methoden trainiert hatte, ging das Sprechen schon soviel besser, daß seine

Sprachhemmung praktisch nicht mehr in Erscheinung trat. Er hatte damit nur noch Schwierigkeiten, wenn er mit einem bestimmten Vorgesetzten telefonieren mußte.

Mit diesem Problem wurde er dadurch fertig, daß er sich bemühte, den Betreffenden persönlich besser kennenzulernen. Dabei konnte er feststellen, daß dieser Vorgesetzte das Nahziel Nr. 2 verfolgte, indem er sich in seinem Auftreten besonders sicher gab und damit seine innere Unsicherheit überspielte.

Einige Wochen später stellte er zu seinem eigenen Erstaunen fest, daß er mit seiner Arbeit im Büro eigentlich ganz zufrieden war, nachdem er nämlich seine Augen positiver gestaltet hatte. Er dachte jetzt nicht mehr daran, seinen Beruf zu wechseln.

2 *Angst vor Krankheiten*

Ein junges Mädchen, sehr nervös, leidet unter Ängsten, besonders der Angst vor Krankheiten und dem Tod.

Als mittleres Kind von dreien war sie in Konkurrenz mit der dominierenden älteren Schwester aufgewachsen. Sie war ehrgeizig und leistungsbezogen und tat sich in der Schule sowohl akademisch als auch im Sport hervor, während die Schwester mehr Freundinnen hatte, unter denen sie tonangebend war.

Die Schwestern hatten also die Welt außerhalb der Familie unter sich aufgeteilt, so daß dem jüngeren Bruder die Rolle des lieben, weichen und folgsamen Jungen zu Hause zufiel.

Sie dominierte über den Bruder, der sich ihr unterordnete, stellte aber natürlich bald fest, daß sie «nur» ein Mädchen war und entwickelte den sogenannten «männlichen Protest», das heißt, sie hatte Angst, als Mädchen eine unterlegene Rolle spielen zu müssen. Sie hatte deshalb praktisch keine Freunde.

In ihrer ersten Kindheitserinnerung liegt sie glücklich in ihrem Bett und sieht einen Zweig des Kirschbaums vor ihrem Fenster mit leuchtend roten Kirschen. Sie stellt fest, daß der Baum ihr nicht gehört und sie keine Kirschen davon pflücken darf. Personen erscheinen nicht. In den nächsten drei Erinnerungen hat sie immer Angst. Einmal sitzt sie hinter der Schwester auf einem Karussellpferd. Die Schwester kann sich am Zügel festhalten, während sie sich an der Schwester festhalten muß. Sie rutscht immer weiter nach hinten ab, schreit aus Angst, bis der Vater auf das fahrende Karussell aufspringt und sie herunterholt. In einer weiteren Erinnerung hat sie Angst vor Blutvergiftung. Mutter und Arzt helfen. In der letzten Erinnerung hat sie Angst vor ihrer Tante, weil sie das von ihr geschenkte Armband verloren hat.

Die drei letzten Erinnerungen zeigen deutlich ihre Angst vor dem Leben, vor anderen und ihr geringes Selbstvertrauen. Auch sie braucht die Hilfe anderer und kann selbst nicht viel tun. Dies zeigt sich auch in der scheinbar positiven ersten Erinnerung. Ist es nicht ungerecht, daß sie keine Kirschen pflücken darf?

Nach vier Wochen Training mit allen Methoden fühlte sie sich so weit besser, daß die Perioden der Niedergeschlagenheit, die sie vorher gelähmt hatten, zur Ausnahme wurden. Ihre Träume wurden positiver. In den folgenden drei Monaten ging es nur noch zwei bis drei Male schlechter, im schlimmsten Fall drei Tage lang. Nach insgesamt etwa sechs Monaten fühlte sie sich mit der Welt und sich selbst zufrieden und ist überzeugt, daß sie mit etwaigen Rückschlägen fertig wird. Die Angst vor Krankheiten und Tod spielt keine Rolle mehr in ihrem Leben.

3 Berufs- und Eheschwierigkeiten

Ein junger Mann, sehr niedergeschlagen, versteht sich immer schlechter mit seinem Freund, der gleichzeitig sein Geschäftspartner ist. Außerdem fürchtet er, auch mit seiner Frau sich immer mehr auseinanderzuleben. Nach nur etwa zwei Wochen Training schienen die meisten Sorgen behoben zu sein. Er hatte festgestellt, daß er es war, der sich negativ eingestellt hatte. Seine Frau war wesentlich positiver, so daß es in der Ehe sehr rasch besser wurde, als er begann, eine positivere Brille aufzusetzen.
Auch beruflich wurde es besser, nachdem er bemerkt hatte, daß er sich seinem Freund zu sehr unterlegen gefühlt hatte. Er glaubte wieder mehr an sich und machte sich von seinem Freund und dessen Urteil unabhängiger, worauf das ganze Verhältnis sich normalisierte. Er wurde innerlich ruhiger, weniger launisch, sorgte sich nicht mehr so sehr um die Zukunft, empfand mehr Liebe für seine Frau und hatte zu seinem eigenen Erstaunen wieder mehr Zeit für sich selbst.

4 Beherrschungstendenzen

Eine Frau ist mit sich selbst unzufrieden, da sie sich immer wieder dabei ertappt, daß sie an ihrem Mann herumkritisiert und ihm Vorschriften für seine Arbeit macht. Er läßt sich durch sie entmutigen und macht seine Arbeit noch schlechter, so daß sie anfängt, ihn zu verachten. Das Zusammenleben in der Ehe wird dadurch immer fragwürdiger.

Sie erkannte, daß es nicht ihre Aufgabe war, ihrem Mann Anweisungen zu geben, was er tun oder nicht tun soll, und beschloß, an sich selbst zu arbeiten. Bald stellte sie ihren Perfektionismus fest und brachte es in Kürze fertig, fünf auch einmal gerade sein zu lassen, zumal sie sah, wie ihre Aktivität und Ordnungsliebe ihren Mann zunehmend passiver und unordentlicher werden ließ.

Nach einigen Monaten Training war die Atmosphäre im Hause völlig verändert. Es gelang ihr, weder zu nörgeln noch zu dominieren. Der Mann wurde in seiner Arbeit verantwortungsbewußter, nachdem er nicht mehr gegen sie kämpfen mußte. Sogar unter Arbeitsdruck hatten sie einander wieder mehr zu sagen und waren vermehrt füreinander da, wie dies vorher nur noch im Urlaub gelungen war.

5 *Aufregung*

Ein junger Mann regt sich schnell auf und bekommt darauf Magenschmerzen. Er hat Angst, etwas falsch zu machen und als Folge ausgelacht zu werden. Es kommt deshalb vor, daß er in Gesellschaft errötet. Ein anderes seiner Probleme ist, daß er seinen Beruf wechseln will, sich aber nicht traut, darüber mit seinen Eltern zu sprechen.

In seinen frühesten Erinnerungen erlebt er Streit zwischen Erwachsenen, wobei er sich sehr hilflos fühlt. Ferner wird er von einem Hund angefallen und braucht ärztliche Hilfe. Von einem Spielkameraden, dem er sonst überlegen war, wird er in Gegenwart eines älteren Jungen schlecht behandelt und daraufhin von beiden ausgelacht. Weiter wird er von einem Schwarm Wespen überfallen und bekommt mehr Stiche ab als sein Spielkamerad, der auf dem Wespennest herumgestampft war.

Unter anderem hat sein Lebensstil folgende Seiten: Ich bin ein kleiner Junge und auf die Hilfe anderer angewiesen. Ich brauche ihre Anerkennung und muß deshalb gut sein. Das Leben ist gefährlich und schwierig. Auch die anderen können bedrohlich und ungerecht sein, so daß ich mich in acht nehmen muß . . .

Nach sechs Wochen Training, besonders mit den Methoden I und II, regte er sich viel weniger auf und sein Allgemeinbefinden wurde besser. Mit seinen Berufswünschen setzte er sich durch und konnte kurze Zeit später in dem ersehnten Beruf seine Ausbildung beginnen.

6 *«Männlicher Protest»*

Ein attraktives junges Mädchen, berufstätig, allein lebend, leidet unter «Kreislaufstörungen» und Nervosität. Sie hat viele Symptome entwickelt. Unter anderem kann sie schlecht schlafen, fühlt sich unsicher, kann sich nicht entscheiden, ist unkonzentriert beim Autofahren, müde, hat Angst und regt sich rasch auf, vermag nicht klar zu denken und meint, daß ihr «alles über den Kopf wächst». Kalte Füße und Hände, Übelkeit, Durchfall und Magenschmerzen sind weitere Symptome. In vier Monaten hatte sie zehn Kilo abgenommen.

Sie hatte zwei ältere Schwestern, mit denen sie in Konkurrenz stand. Die älteste war zu Hause die gute, aber auch in der Schule erfolgreich. Die mittlere sah ihre Chance im Sozialen, also im Mitmenschlichen. Sie war führend unter vielen Freundinnen, charmant und sportlich und in Gesellschaft beliebt. Für sie selbst als die jüngste blieb nichts übrig, als die Jungenrolle zu spielen. Als Kind war sie also unbequem, aufsässig, wild, rebellisch, spielte Jungensspiele und kam mit zerrissenen Kleidern heim. Die Schwestern sind längst verheiratet, während sie mit ihren Freunden immer «Pech» und nach kurzer Freundschaft jeweils abgebrochen hatte. Ihre Träume sind oft sexueller Natur mit Hindernissen.

Sie erinnert sich, wie ihre ganze Familie über ihr Benehmen schockiert war, wie sie im Kindergarten bestraft wurde, weil sie zu einem Jungen frech war, wie sie vom Vater Prügel bezog, weil sie barfuß in Pfützen gewatet war usw.

Nach etwa acht Wochen Training, nachdem sie ihren Lebensstil so etwa erkannt hatte, ging es mit ihr bergauf. Sie verläßt sich nicht mehr auf ihre Kreislaufstörungen als Entschuldigung, die kalten Füße wurden besser, sie schläft sehr gut, gibt sich selbstsicher, beim Autofahren ist sie nicht mehr so müde, konnte Prüfungsarbeiten fertigmachen und entwickelte auch sonst mehr Initiative. Spannungen mit Eltern, Freundinnen und Bekannten wurden durch Aussprachen beseitigt. Sie fühlt sich grundsätzlich ausgeglichener, wurde wieder lustiger und nahm sogar gewichtsmäßig wieder zu. Was das andere Geschlecht anbelangt – ihr größtes Problem – so ist sie jetzt grundsätzlich bereit, vernünftige Schritte zu unternehmen, um einen Partner zu finden.

Ein junger Mann leidet seit der Scheidung von seiner Frau unter Depressionen und Schluckangst und hat vor allen Dingen Hemmungen, Entscheidungen zu treffen. Nach der Scheidung zog er wieder zu seiner geschiedenen Frau, da er sich nicht zu einer getrennten Wohnung entschließen konnte. Außerdem ist er ohne jeden Antrieb und hat zu seiner eigenen Verwunderung nicht einmal mehr Interesse an Frauen. Dazu kommen die dauernde Angst, sich zu verschlucken, sowie Sprachhemmungen in Gegenwart von Leuten, mit denen er beruflich zu tun hat.

Durch seine frühesten Erinnerungen lernte er Seiten seines Lebensstils kennen und hatte schon vierzehn Tage später wesentliche Erfolge. Von seiner Frau machte er sich unabhängig und nahm eine eigene Wohnung. Die Verschluckangst wurde allein durch Anwendung der Methode I besser. Von diesen Anfangserfolgen ermutigt, wurde er zuversichtlicher in seiner Einstellung zum Leben und konnte sehen, daß es gar nicht so wichtig war, immer sicher zu sein. Bald wurde er entscheidungsfreudiger. Mit Hilfe der Methode II erkannte er, daß er mit seinen Hemmungen im allgemeinen das Ziel verfolgt hatte, spezielle Aufmerksamkeit zu erregen. Beinahe schlagartig erreichte er, daß diese Hemmungen nachließen, nachdem er sich des bis dahin unerkannten Zwecks bewußt geworden war.

8 *Mißachtung in der Ehe*

Eine junge gut aussehende Frau ist unglücklich und nervös, da ihr Mann sich nicht um sie kümmert, sondern seine Freizeit mit Kollegen verbringt, wobei viel getrunken wird. Was immer sie leistet, er gibt ihr keinerlei Anerkennung. Sie hatte den Glauben an sich völlig verloren und weinte viel.

Nachdem sie angefangen hatte, an sich selbst zu arbeiten, kam sie bald zu dem Entschluß, sich selbständig zu machen. Sie fand eine gute Arbeitsstelle und bald darauf eine eigene kleine Wohnung. Sie fühlte sich glücklicher und verlor ihre Nervosität und Traurigkeit.

Plötzlich geschah etwas, was ihr im ersten Augenblick nicht recht erklärlich war: Ihr Mann bemühte sich um sie und wurde auch sonst positiver. Zum Beispiel gab er das übermäßige Trinken auf und will jetzt zu ihr ziehen. Grundsätzlich ist sie damit einverstanden, will ihn aber noch einige Monate «zappeln» lassen, um sicherer zu sein, daß die gegenseitige positive Einstellung nicht nur vorübergehend ist.

9 Sprechhemmungen

Ein junger Mann hat Schwierigkeiten, vor Höheroder auch Gleichgestellten zu sprechen. Er spürt in solchen Augenblicken eine Verkrampfung im Hals und Angst, bekommt es aber trotzdem fertig zu sprechen.

Mit Hilfe unserer Methoden erkannte er bald, daß er eine übermäßige Sicherungstendenz entwickelt hatte. Er erschlich sich das Gefühl der Überlegenheit, indem er sich – natürlich nicht bewußt – gesagt hatte, daß er es trotz dieser Hemmung beim Sprechen erreicht hatte, vor anderen eine gute Rolle zu spielen.

10 *Enttäuschung*

Ein junges Mädchen erlebt eine schwere Enttäuschung, da ihr langjähriger Freund sich einer anderen zugewendet und diese nach kurzer Freundschaft geheiratet hatte. Sie gerät in eine solche Krise, daß sie sich völlig zurückzieht. Vorübergehend kann sie sogar nicht einmal mehr arbeiten.

Mit Hilfe eines Dritten war es ihr möglich zu erkennen, wieviel sie selbst dazu beigetragen hatte, daß ihr früherer Freund sich von ihr abwandte. Sie war nämlich in Wirklichkeit nicht willens, eine Ehe einzugehen aus Angst, in der Ehe eine unterlegene Rolle spielen zu müssen.

Diese Angst hat sie auch heute noch nicht ganz überwunden, doch ist sie mit sich und dem Leben zufrieden, steht morgens ohne Schwierigkeiten auf und hat Kontakt mit vielen alten und neuen Bekannten beiderlei Geschlechts.

11 *Eheprobleme*

Eine verheiratete Frau hat Schwierigkeiten in der Ehe. Sexuell klappt es praktisch überhaupt nicht. Sie will zu ihrem Mann zärtlich sein, bringt es aber nicht fertig. In seiner Gegenwart fühlt sie sich unter Druck. Sie ist deprimiert, fühlt sich müde und abgespannt und findet es nicht leicht einzuschlafen. Außer der Hausarbeit hat sie zu nichts anderem Zeit und deshalb auch kaum Kontakt mit anderen Menschen. Ihrem Mann gegenüber ist sie positiver eingestellt als zu sich selbst.

Sie fing an, sich mit unseren Methoden zu befassen, und brachte es aufgrund der damit gewonnenen

Selbsterkenntnis bald zustande, mit ihrem Mann eine Aussprache herbeizuführen. Diese verlief so positiv, daß alles, was die Ehe und ihren Mann betraf, fast schlagartig besser wurde. Die Einschlafschwierigkeit hörte auf, nachdem sie die Müdigkeit nicht mehr benötigte, um sich vor dem Geschlechtsverkehr zu drücken. Die Hausarbeit macht ihr jetzt Spaß, und sie kann sie jetzt besser und schneller erledigen. Sie ist allgemein fröhlicher und hat begonnen, gemeinsam mit ihrem Mann Kontakte außerhalb der engeren Familie zu pflegen. Es braucht wohl nicht erwähnt zu werden, daß auch der Mann durch positive Einstellung zu seiner Frau zu dieser raschen Wandlung beigetragen hat.

12 *Dummstellreflex*

Ein junger Mann, Einzelkind, Abiturient, hält sich für dumm und unfähig und hat deshalb Schwierigkeiten in seinem Beruf. Er kann sich nicht konzentrieren, hat keine Interessen, fängt an zu stottern und neigt zu Depressionen.
Nach etwa drei Monaten Training geht es beruflich besser, die Depressionen sind verschwunden, ebenso sein Selbstmitleid. Vor allen Dingen glaubt er nicht mehr dumm zu sein.
Dieser Erfolg ist wohl in erster Linie dem zuzuschreiben, daß er den Mut fand, sich in freundlicher Weise von der Bevormundung durch die dominierende und gleichzeitig verwöhnende Mutter frei zu machen.

Eine junge Frau, außerordentlich nervös, ist in ihrer Ehe sehr unzufrieden. An ihrem Mann kann sie überhaupt nichts Positives mehr sehen, sondern nur noch Fehler.

Sie brauchte etwa dreieinhalb Monate, um sich umzustellen. Ohne sich ihrer Umstellung bewußt zu werden, reagierte der Mann positiv, wurde ihr gegenüber aufmerksamer und rücksichtsvoller, so daß man bald wieder von gegenseitiger Liebe sprechen konnte.

Probleme wurden wieder gemeinsam besprochen, sie arbeiteten geschäftlich zusammen, und ihr Verhältnis zu seinen Eltern besserte sich zusehends. Ihre seither beängstigende Gewichtsabnahme kam zum Stillstand, sie bekam langsam wieder ihr Normalgewicht, und heute sehen beide Partner optimistisch in die Zukunft.

Schlußwort

Für die geschilderten Probleme wurde eine vereinfachende Darstellung gewählt, um die Erkenntnis zu erleichtern, die notwendig ist, um die hier empfohlenen Methoden der Selbsterziehung anzuwenden.

Es wurde schon darauf hingewiesen, daß der Mensch alles mißbrauchen kann, selbstverständlich auch die Selbsterziehung. Diese sollte nur Mittel zum Zweck sein, um zu einer besseren Technik des Zusammenlebens, zu vermehrtem Mut und Gemeinschaftsgefühl, zu größerer Bewußtheit und Geistigkeit und zu einem stärkeren Glauben zu gelangen. Ein Mißbrauch wäre es, dieses Buch als Ersatz für medizinische oder psychotherapeutische Behandlung zu nehmen.

Ein Mißbrauch liegt auch dann vor, wenn man sich so viel mit sich selbst beschäftigt, daß man darob die Lebensaufgaben vergißt. Das Ergebnis wäre die vermehrte Ichhaftigkeit. Das Leben geht an einem vorbei. Man lebt entweder in der Vergangenheit oder in der Zukunft, aber man hat keine Gegenwart.

Als Buddha im Sterben lag, baten ihn seine Jünger um ein letztes Wort, gleichsam als Testament. Unter anderem soll er gesagt haben: «Schaut nicht in die Vergangenheit, denn sie bedrückt euch. Schaut nicht in die Zukunft, denn ihr könnt sie nicht erkennen. Schaut die Gegenwart, wie schön sie ist.»

Anhang

Tabellen zur Gedächtnisstütze

Methode I: Entscheidungen

1. Ich habe mich entschieden ...
2. Ich muß diese meine Entscheidung akzeptieren
3. Ich kann mich auch anders entscheiden
4. Ich will mich jetzt selbst beobachten

Methode II: Vier Nahziele

1. Entschuldigung für eigene Mängel
2. Aufmerksamkeit erregen
3. Überlegenheit gewinnen
4. Vergeltung

Methode III: Lebensstil (typische Beispiele von Seiten moderner Lebensstile)

Ich bin nur ein Mädchen
Ich bin von der Natur nicht besonders gut ausgerüstet

Ich bin ein kleiner Junge und kann mir nicht vorstellen, so ein richtiger Mann zu werden
Ich kann mir nicht viel zutrauen
Ich habe nicht allzuviel zu bieten
Ich bin auf andere angewiesen
Ich muß mir die Unterstützung, Hilfe und den Schutz anderer sichern
Ich brauche immer andere, auf die ich mich verlassen kann
Ich muß Anerkennung finden
Ich muß andere dazu bringen, mich zu bemitleiden
Ich will der Erste sein
Ich will im Mittelpunkt stehen
Ich muß anderen gefallen
Ich muß gut sein
Ich muß alles unter Kontrolle haben
Ich muß intellektuell überlegen sein
Ich muß im Recht sein
Ich darf keine Fehler machen
Ein starker Mann, eine gute Frau muß sich um mich kümmern
Ich bin etwas Besonderes
Ich will etwas Besonderes sein
Ich muß mich beleidigen lassen, um auf meine Peiniger herabsehen zu können (Märtyrerkomplex)
Ich muß Herr der Lage sein
Man kann sich auf andere nicht verlassen
Die Menschen sind schlecht und ungerecht
Das Leben ist schwierig und gefährlich
Ich möchte nicht, daß man schlecht von mir denkt
Ich muß aufpassen, daß meine Freiheit nicht eingeschränkt wird
Das Schicksal meint es nicht gut mit mir
Ich will mich durchsetzen und meinen Mann stellen
usw. usw.

Literaturverzeichnis

'Abdu'l-Bahá, Beantwortete Fragen, Bahá'í-Verlag, Frankfurt a. M. 1954

–, Ansprachen in Paris, Bahá'í-Verlag, Frankfurt a. M. 1955

Alfred Adler, Der Sinn des Lebens, Verlag Dr. Rolf Passer, Wien 1933

–, Praxis und Theorie der Individualpsychologie, Wissenschaftliche Buchgesellschaft, Darmstadt 1965

–, Menschenkenntnis, Fischer-Bücherei Bd. 726, Frankfurt a. M. 1966

Bahá'u'lláh, Die sieben Täler, Bahá'í-Verlag, Oberkalbach 1971

–, Göttliche Lebenskunst, Bahá'í-Verlag, Oberkalbach 1971

Erik Blumenthal, Die Bedeutung des Altersunterschieds von Zwillingen, Institut für Angewandte Psychologie, Zürich 1966

Rudolf Dreikurs, Grundbegriffe der Individualpsychologie, Ernst Klett Verlag, Stuttgart 1969

–, Die Ehe – eine Herausforderung, Ernst Klett Verlag, Stuttgart 1968

–, Psychologie im Klassenzimmer, Ernst Klett Verlag, Stuttgart 1967

–, Kinder fordern uns heraus, Ernst Klett Verlag, Stuttgart 1966

J. E. Esslemont, Bahá'u'lláh und das neue Zeitalter, Bahá'í-Verlag, Frankfurt a. M. 1963

Jean Gebser, Ursprung und Gegenwart, Deutsche Verlags-Anstalt, Stuttgart 1949

Ernst Jahn und *Alfred Adler*, Religion und Individualpsychologie, Verlag Dr. Rolf Passer, Wien 1933.

Alexander Müller, Du sollst ein Segen sein, Verlag Gerber-Buchdruck, Schwarzenburg 1954

Friedrich Schneider, Selbsterziehung in Vergangenheit und Gegenwart, A. Henn Verlag, Ratingen 1967

W. Heitler, Der Mensch und die naturwissenschaftliche Erkenntnis, Friedr Vieweg & Sohn, Braunschweig 1966

Arnold J. Toynbee, Studie zur Weltgeschichte, Claassen & Goverts, Hamburg 1949

Erwin Wexberg, Individualpsychologie, Verlag S. Hirzel, Leipzig 1933